区域初中数学教师
学习共同体成长启示录

主编　崔永学　郭　喆

北京交通大学出版社

·北京·

内 容 简 介

本书以密云区初中数学教师研究工作室的系列活动为基础，汇集了教师们在活动中的实践成果。本书理论联系实际，案例翔实丰富，对学校开展校本教研和提高教师专业素养具有重要的指导意义。

本书主要内容包括规划篇、师德篇、读书篇、课堂篇、课题篇和变革篇，对教师设计力、影响力、学习力、实践力、研究力及适应力的进阶之路进行了详细的阐述。

本书主要作为中小学教师校本教研用书。

图书在版编目（CIP）数据

区域初中数学教师学习共同体成长启示录/崔永学，郭喆主编 .—北京：北京交通大学出版社，2020.12

ISBN 978-7-5121-4374-6

Ⅰ.①区…　Ⅱ.①崔…　②郭…　Ⅲ.①数学教学—师资培养—研究—中小学　Ⅳ.①G633.602

中国版本图书馆 CIP 数据核字（2020）第 231283 号

区域初中数学教师学习共同体成长启示录

QUYU CHUZHONG SHUXUE JIAOSHI XUEXI GONGTONGTI CHENGZHANG QISHILU

责任编辑：方元元

出版发行：北京交通大学出版社　　　　　　电话：010-51686414　　http：//www. bjtup. com. cn
地　　址：北京市海淀区高梁桥斜街 44 号　　邮编：100044
印 刷 者：北京时代华都印刷有限公司
经　　销：全国新华书店
开　　本：185 mm×260 mm　　印张：11.25　　字数：281 千字
版 印 次：2020 年 12 月第 1 版　　2020 年 12 月第 1 次印刷
定　　价：48.00 元

本书如有质量问题，请向北京交通大学出版社质监组反映。对您的意见和批评，我们表示欢迎和感谢。
投诉电话：010-51686043，51686008；传真：010-62225406；E-mail：press@ bjtu. edu. cn。

编委会

前　言

教师专业成长一直是学校管理者关注的问题，它关乎着学生的全面发展、学校的内涵发展。促进教师专业成长的途径有很多，包括发挥优秀教师的头雁效应、锻造优秀教师团队、助力教师专业成长等。

长期以来，教育界对优秀教师成长之路一直是仁者见仁、智者见智。有人认为优秀教师是打造出来的，有人认为优秀教师是自然成长的，有人认为优秀教师既是千里马又是伯乐。事实上，一名优秀教师即便拥有高尚的师德、骄人的业绩、成功的经验，但若缺乏展示的平台，可能也难以将其宝贵的教学经验进行推广。因此，优秀教师的成长离不开自身的拼搏与努力，更离不开环境的培养。

一位优秀教师需要明白什么？优秀教师要明白教育规律、学科教学规律，能够在正确的理论指导下解释教育教学中遇到的问题，能够在先进教育理念的指导下去解决教育教学中的问题。优秀教师要明白自己的优势与短板，不断学习，实现自我升级。优秀教师要明白"学高为师，身正为范"的道理，践行"四有好老师"的标准，在业界拥有良好的口碑。优秀教师要明白教育研究的基本方法，敏锐地捕捉校园、教室中的细节，善于将每一个"事故"变为故事，并不断地提炼升华，进而形成可推广的成果。优秀教师要明白做人之道，在传道授业同时，还教学生如何做人。

优秀教师能够坚守信仰，不忘初心，用学生明天的发展证明自己的价值；优秀教师不墨守成规，能够顺应时代发展的大趋势，敢于迎接新的挑战，适应新的变化。优秀教师不是昙花一现，而是教育界的常青树。

如何探索一条从普通教师走向优秀教师的专业进阶之路，是每个管理者需要深入思考的问题。大多数教师通过大量教育教学实践和培训学习可以实现量的积累，但是很难真正实现质的飞跃。学校的校本培训侧重解决学校在发展过程中遇到的关键问题和共性问题，这些问题是影响学校未来发展的关键。培训者往往会关注"授之以渔"和"授之以欲"的辩证关系。"授之以渔"着重解决眼前的现实问题，教会教师解决具体问题的方法，提高教师教育教学的实践力和胜任力，促进学校短期发展目标的达成；"授之以欲"能唤醒教师的专业自觉性，促进学校的可持续发展。作为学校的管理者，只有真正唤醒每个教师自身的专业自觉性，让每位教师对自己的专业发展阶段有个清晰的定位，让每位教师能够为自己赋能、主动发展，教师的工作创造性和艺术性才能得以彰显，教师队伍才会充满生机和活力。

彼得·德鲁克认为，管理的本质是激发善意。学校的校本培训不仅承担着解决眼前学校发展中的共性问题，帮助教师树立正确的价值观、激发教育潜能，也要考虑如何帮助教师构建自我成长的能力进阶之路。当教师能够主动思考问题，理解教师专业发展的基本规律，就能够走出"被培训"的角色，通过不断地自主学习、实践、研究、反思，促进自身能力的升级。

以优秀教师培养为目标看待教师专业成长，更加关注教师自身素养的提升，摒弃教育中的功利性色彩，让教育回归育人的本真。优秀教师的能力进阶之路是艰难的，但也并非毫无规律可循。本书以工作室成员成长案例为背景，从职业生涯规划、师德修养、学习反思、课堂实践、课题研究、自我成长等角度对优秀教师能力进阶关键要素——设计力、影响力、学习力、实践力、研究力、适应力进行了诠释，以期为加强教师队伍建设提供参考思路。

工作室全体同仁从职业规划、教育故事、读书学习、课堂教学设计、课题研究、线上教学等角度对自身的工作进行了系统梳理。工作室的成员大多数是青年教师，他们对未来的期待不是"名师"头衔，而是渴望成为一名有理想信念、有道德情操、有扎实学识、有仁爱之心的好老师。三年的经历让很多教师悄然发生着蜕变，这种变化显性地体现在个人驾驭课堂的能力和教学业绩上，隐性地体现在对教学现象和教育价值的理解，对未来教育发展的思考上。

工作室的活动为教师们打开了一扇窗，指明了一条从普通教师走向优秀教师的进阶之路。相信工作室的教师在实现自身能力提升的同时，也能将优秀教师的精神传递到每所学校、每位教师，让每一个渴望成长的教师领略到准优秀教师的教育情怀、教育艺术和专业精神。期待优秀教师的精神能够在学校的土壤里生根发芽，引领更多教师，主动探索适合其自身的专业进阶之路。

编者

2020.12

目　　录

第一章 规划篇——以终为始设计人生（设计力）

凡事预则立，不预则废。这句名言强调了计划的重要性。无论是小事、大事，有无计划、计划是否合理都会影响结果。作为教师，是否有自己的职业生涯规划、是否会做职业生涯规划、能否根据环境动态调整自己的职业生涯规划都将直接影响未来的发展。

第一节 教师职业生涯规划的意义

1. 什么是教师职业生涯规划

职业生涯规划也叫"职业规划"，又叫职业生涯设计，是指个人与组织相结合，在对一个人职业生涯的主客观条件进行测定、分析、总结的基础上，对自己的兴趣、爱好、能力、特点进行综合分析与权衡，结合时代特点，根据自己的职业倾向，确定其最佳的职业奋斗目标，并为实现这一目标做出行之有效的安排。

由于教师工作的特殊性，教师的职业生涯规划的定义就更为具体化。教师的职业生涯规划，是指教师从自身优势和特点出发，根据时代、社会的要求和所在学校的共同愿景而作出的能够促进教师有计划的可持续发展的预期性、系统性的自我安排和设计。

从上面定义可以看出教师职业生涯规划的关键词：认识自我、时代要求、学校愿景、自我设计。其中自我设计要考虑设计的系统性。

2. 教师为什么要做职业生涯规划

通常人们认为，教师的工作稳定有规律，就像一年四季春种秋收，每个时间节点做好自己该做的事就可以了，还有必要做职业生涯规划吗？答案是肯定的。对于教师而言，必须对自己的未来从宏观、微观层面有系统的思考。

（1）有助于促进教师终身发展

著名学者吕型伟先生曾说过教育是艺术，艺术的生命在于创新。创新就要敢于不断打破固有模式，树立成长型思维，要善于发现自足的不足，不断吐故纳新，实现自我升级。

随着信息化、人工智能、大数据、物联网等新技术的出现，教师所面临的教学对象、教学内容和教学方法都已发生急剧变化，这就要求教师进一步树立终身学习意识。如果教师只凭自身的经验去面对新一代的学生，很难与学生有共同的语言。如果教师仅凭原有的技术去面对现在的教学，将无法胜任线上与线下混合式的常态教学。

（2）有助于教师明确目标

方向比速度更重要。没有明确的目标，就缺乏努力的方向。教师除完成学校正常的教学任务外，还要面对各种临时性工作。不难想象，如果教师没有职业生涯规划，就只能以解决一件件具体的小事为目标，而缺乏对个人能力系统的不断升级。缺乏目标的引领，教师会无法准确定位"我在哪里，要去哪里"，会错失个人发展的关键期。

（3）有助于解决职业倦怠

进行职业生涯规划设计的过程是一个认识自我的过程，可以帮助教师实现生命自觉。叶澜教授把教育的使命定义为"培育人的生命自觉"。培养学生的生命自觉，教师首先要有生命自觉。有了生命自觉，教师就不会简单地把教师当作一种谋生的职业，而是作为实现自我价值的方式。在这种生命自觉的内驱力作用下，教师会克服来自外界环境的消极干扰，不管领导如何变化，不管学生如何变化，教师都能保持工作热情和对未来教育未知的渴望。

（4）有助于提升教师的核心竞争力

当今世界科技飞速发展，教师的核心竞争力是什么？这是一个见仁见智的问题。有人认为是课堂实践能力，有人认为是沟通能力，有人认为是对教育教学规律的理解能力，有人认为是知识的自我迭代能力……各种观点都有其合理性。教师要想成为教坛的常青树，只有不甘平庸，不满足于点滴成就，根据自身发展、社会发展和学校发展的需要，主动去获取知识，不断完善自我的认知结构，提升自身的相关能力。这就需要在职业生涯规划的引领下坚守教育信念，不断实现自我升级。

3. 教师怎样做职业生涯规划

很多教师都知道制订职业生涯规划的重要性，但是并不能真正为自己量身定做一份合适的职业生涯规划。根据教师职业生涯规划的定义，可以从以下角度考虑如何制订职业生涯规划。

（1）进行现状分析

认识自我是前提。过高地估计自己就会好高骛远，眼高手低；过低地估计自己，又会降低标准，失去发展的机会。英国著名的人本主义学者阿瑟·韦利曾直言："自我认识是教师了解他们自己、获得自我接受的正确态度的最重要的条件。"但是，人在一生中遇到的最大困难恰恰就在于无法正确认识自己，即使是古希腊伟大的哲学家苏格拉底，也无法做到这一点。苏格拉底自称一无所知，他最为人所知的名言就是"认识你自己"。由此可见，对自己的优势、劣势的认识是制订职业生涯规划的重要基础。

职业生涯规划应与时代同行。教师的个人发展需要跟上时代的步伐，只有了解课程教学改革、课堂教学改革、考试改革等系列改革的背景和趋势，以及未来教育发展的趋势，才能有前瞻性地主动学习、完善自身的知识结构、不断进行自我迭代更新。

职业生涯规划不能脱离学校实际。每个学校都有其具体的文化历史、学校发展愿景。教师的个人成长不能脱离学校的宏观长远发展规划。简而言之，学校的发展离不开教师的努力，而教师的努力方向不能偏离学校的发展目标。

（2）结合对自身能力的预测制订阶梯式发展规划

欲速则不达。教师从新手期走向熟练期，最终成为专家型教师需要时间的历练，需要不断实现能力的跃迁。

职业生涯规划需要教师系统主动设计。职业生涯规划是自我设计，体现教师发展的主观愿望。"要我做"与"我要做"存在着本质区别，前者是外在的强制性，而后者是内在的动力。自我设计需要将终极目标进行分解，将不同阶段的目标进行细化，考虑清楚各阶段之间的逻辑关系。当然，随着教师个人能力的提升，其终极目标可能会发生变化，其个人职业生涯规划也可能会发生变化。

第二节　教师职业生涯规划设计案例及点评

【案例1】

我很荣幸能够成为初中数学研究工作室的一员，感谢教师研究工作室给予我学习和成长的机会。我要好好抓住机会学习、研究，努力提高自己的综合素质，让自己尽快成长起来。为了使学习目标更加明确，我依据密云区初中数学教师研究工作室计划，制订个人三年发展规划如下。

一、个人现状分析

1. 概述

（1）教育观念：我热爱教育事业，有着很强的上进心和责任心。作为青年教师，有自己的职业理想和信念，乐于学习，敢于接受新鲜事物，愿意为成为一名优秀的教师不断努力。

（2）教学能力和专业基础知识：数学专业知识较为扎实，对于自己所学专业和工作一直抱着乐观积极的心态，教学积极性高；从教一年来，能够胜任初中数学教学工作，在教学过程中，积累了一定的经验和体会。

（3）实践技能：教学中，能够根据教材和学生实际认真备课，写好教案，但在设计课程类型，灵活使用教学方法，课堂活动设计等方面还有待提高；平时努力钻研课堂教学，努力增强上课技能，注意调动学生积极性，注重对学生数学素养的培养。

（4）科研水平：阅读教育教学相关书籍，向其他教师学习，每周都听课，写听课反思；积极参加学校区里组织的教育培训，并尝试将自己所学的理论应用到自己的课堂教学，积极参加评课比赛，在比赛中学习进步；尝试撰写论文，教育案例。因此，我认为本人目前正处个人专业发展的新手期。

2. 优势

（1）学习能力强，喜欢阅读，不断地向周围的人学习；有较强的适应能力，容易接受现代培训理念；能集中注意力深入研究教学方法和所授课程的内容，愿意做一些研究工作。

（2）自觉性较好，能独立完成自己的本职工作，并能虚心向有教学经验的教师学习，互相交流，取长补短。

（3）热爱教育事业，喜欢数学，关心学生，和学生交流比较有耐心。

（4）熟练使用办公软件，善于采集教学资源，并能熟练地运用现代化的教学手段来辅助教学。

（5）为人真诚，与工作室成员能较好地沟通交流，相互学习，团结合作。

3. 不足

（1）理论学习方面：教育教学理论知识不够，实践与理论还不能很好地对应起来。

（2）教学方面：作为一名年轻教师，教学基本功还不够扎实，如提问技巧、过渡语言、评价语言、应变能力等还需要好好加强；备课还存在漏洞，有许多想不到的地方，不能完全准确地结合学生的具体情况进行备课；教学设计撰写得比较粗糙，需要进一步细化学习。

（3）学生管理方面：作为新教师，缺少班级管理经验，处理事情缺少方法。

二、个人发展目标

通过不断学习、实践、反思、总结，提高自己的课堂教学能力，努力形成自己的教学风格和特色；加强教学理念和方法的学习，积极参加教育科研活动，提升科研能力，努力成为具有终身学习和创新能力的教师。具体目标如下：

（1）每年深入学习两本教学相关书籍，做好笔记，写读书体会；

（2）主动向其他老师学习，每周至少听两节课；

（3）学习论文与案例的撰写，每年写两篇论文和案例，争取发表一篇论文；

（4）通过名师引领并结合个人实际，开展教育教学实践和研究，积极参加研究课、公开课，将自己学习的理论在教学中实践，并不断反思；

（5）通过工作室老师的指导，每年写两个教学设计；

（6）在学习过程中不断总结提炼自己的教学经验，写教学反思，形成自己的教学风格与特色。

三、个人工作措施

1. 名师引领，用心体验

以工作室为个人成长发展的平台，严格执行工作室计划，积极参与工作室的各项活动，主动与工作室的其他老师交流研讨，学习他们教学的方法，取人之长，补己之短。

2. 充实自我，不断学习

注重知识积累，以自学为主，认真阅读工作室推荐书目和自己选的图书，认真做好读书笔记，及时记录自己在教育科研、课堂教学、业务学习、个人感悟等方面的心得。

3. 聚焦课堂，及时反思

教师的主阵地在课堂，认真备好每堂课，努力上好每堂课。把理论知识运用到实践中，在尝试应用的同时不断反思并求得进步，从而促进教学质量的提高。

4. 善于总结

在平时的教学实践中要善于发现问题、分析问题，总结经验，切实提高教学质量，打造高效课堂。

5. 努力提升科研水平

参与课题研究，多读一些相关文献，不懂之处多向指导教师请教；每年争取校内教学展示 3 次以上。积极听课评课，每周不少于 2 节。每学期至少写两个高质量的教学设计，完成一篇论文和教学案例。

6. 争取当班主任

加强教育技能培养，提高班级管理能力，强化自我修炼。

点　评

这是一名入职两年的青年教师撰写的个人三年发展规划。通过分析，可以看出该教师有很多优点：热爱教育事业、喜欢数学、学习能力强等，这些貌似平常的品质恰恰是很多产生职业倦怠的老教师身上所缺乏的。该教师的不足之处反映了新教师急需解决的共性问题：如教学实践能力不足、班级管理能力欠缺等。该教师制订的个人工作措施与其自身不足之间能够建立起对应关系，这对未来的发展具有一定的导向作用。

透过现状分析可以发现该教师对自己"新手期"的定位主要是从教龄和教学经验角度考虑。《中小学教师专业发展标准及指导》中对从新手到熟练、从熟练到成熟、从成熟到卓越有比较明确的界定，教师如能参照上面标准进行自我定位则更为合理。仔细审视个人发展目标与个人工作措施，两者之间存在着某些混淆不清的现象。措施是针对问题的解决办法、方式、方案和途径，目标可以有宏观和微观之分、定性和定量之分。个人发展目标有必要进行细化，描述清楚每年要实现的目标是什么，重点要解决的问题是什么。

【案例 2】

作为一名教师，担负着教书育人的重任，应该在成长的历程中，为自己规划未来。我一直相信"勤能补拙"，我也希望自己能成为一个勤奋的学习者、研究者和实践者，尽快地走向成熟，让自己有一个明确的方向是摆在我面前的一个巨大任务，因此我认真地给自己的教师职业做了如下规划。

一、个人简介

本人于 2009 年毕业于首都师范大学数学与应用数学专业，获得理学学士学位，2018 年取得北京工业大学软件工程硕士学位。从事数学教学 11 年，班主任工作 6 年。

二、现状分析

1. 学识水平

在首都师范大学学习的四年，我系统地学习了数学专业知识和教育学、心理学等知识，为我从事中学数学教学打下了良好的基础。为使自己在所任教学科方面有更多的提升，我参加了在职研究生联考并取得了北京工业大学软件工程硕士学位。我从事初三数学教学两年，并参加中考阅卷，先后参与了名师工作室和初中数学教师研究工作室的工作。这些来之不易的机会给了我更强劲的学习动力。除此之外，本人还参与过北京京郊教师"绿色耕耘"培训活动，这些学习过程，开阔了我的眼界，并对提升我的教育理论水平和教育教学能力产生了重要的作用。多年对数学教学的不断学习丰富了我的教学经验，也收获很多不同的奖项，一篇论文荣获国家级一等奖、两篇获得市级一等奖。

2. 教学方面

在教学中，本着对知识尊重和对学生负责的原则，我认真钻研把握新课程标准、重点和难点，不断探索，不断创新，努力提高教学水平。经常听几位同组老师的课，向他们请教。除此之外，对于不同层次的学生，我着力进行分层教学，对每一个学生做到有耐心、有恒心。在不断学习、反思后，我的课堂教学也逐渐有了自己的特色，获得了许多认可和肯定。近三年所做的研究课有 1 节荣获国家级优课，6 节获市级一等奖，2 节获区级一等奖，还荣获"优秀教研组长"称号等。

3. 班主任方面

十年树木，百年树人。在班主任工作中，我始终秉承要教书先育人的理念。认可学生的个体化，注重因材施教，严慈并济，力求将所带班级培养成健康快乐、拼搏向上的集体。在与学生们的共同努力下，班级在运动会、课间操等各种评比活动中均取得了优秀的成绩。所带班级曾获"北京市先进班集体"称号，我也多次被评为"优秀辅导教师""优秀班主任"。

4. 教学研究方面

重视并积极参与小组课题研究，善于积累总结，科研意识有所增强，科研能力也得到了一定的提高。先后参与了市级课题"初中生几何学习障碍成因及对策的研究"，区级课题"和谐互助课堂推动学生学习能力提升的实践研究""'小组阅读课'引领下的初高中代数内容衔接研究"。

5. 自身不足

虽然取得了一些成绩，但我深知自身还存在很多不足。首先，自己在学习上不够积极，以工作代替了学习，没有积极阅读书籍；其次，由于缺乏理论学习，导致我的教学理论功底不扎实，专题研究大多停留在实践层面，无法提升到理论层面；最后，我在教学方法上还缺乏一定的新意。

三、自身专业化发展目标

1. 成为理解数学的教师

了解数学知识的背景，准确把握数学概念、定理、法则、公式等的逻辑意义，深刻领悟内容所反映的思想方法，把握知识之间的多元联系；挖掘数学知识所蕴含的科学方法、理性精神和价值观、资源与技术；善于区分核心知识和非核心知识，准确把握每部分知识产生的背景和在教材中的前后联系，明白蕴含的数学思想方法。

2. 成为理解学生的教师

熟悉学生的数学认知结构和认知规律，以学生的认知发展水平为基础，结合学生的年龄特征、认知差异及思维发展水平，设计有效的建构活动，设计有层次的例题、练习题。分析学生在数学学习中的各种错误和困难，结合学生的数学学习心理特征制订相应的数学学习指导策略。

3. 成为理解教学的教师

成为理解教学的教师就要了解数学学、教育学的基本理论，具有课堂组织、调节、控制和应变的能力，熟悉教学和中考的要求，能驾驭教学和应考。

4. 成为善于反思的教师

叶澜教授说过："一个教师写一辈子教案不一定成为名师，如果一个教师写3年反思就有可能成为名师。"每节课后，把自己在教学实践中发现的问题和有价值的东西记下来，在此基础上，进行深入的教学反思。从零散的、浅层次的教学反思上升到系统思维的高度，整体地思考课程的知识结构和方法结构，并有效转化为学生的学习心理结构。

5. 成为终身学习的教师

树立终身学习的观念，提升多种能力，如选取、运用教育资源能力，设计能力，科研能力等。

四、未来三年发展规划

1. 整体性目标

成为成熟型教师。

2. 阶段性目标

第一年积累期：以自主学习提升理论素养为主。

第二年发展期：将所学理论应用到教学中，积极开展课题研究，向骨干教师要求看齐。

第三年成型期：养成学习的习惯，形成自己的教学特色和风格，提高科研能力，成为成熟型教师。

五、具体措施

1. 勤于学习，树立终身学习的观念

每学期看一本教学理论的书籍，并撰写一篇读书笔记，增强自己的理论积淀；坚持每天读书，将读书作为一种习惯；既要看有字的书，也要学"无字书"，学习他人高尚的师德修养，丰富的教学经验等；学习现代信息科技，如在线教学相关软件的使用和微课制作等，不断构建、丰富自己的知识结构和技能。

2. 善于思考，在实践中探索感悟

进行不同阶段的反思，并将反思用于完善教学。时刻把工作与思考相结合，创造性地开展工作。

3. 乐于动笔，提高教育科研水平

尝试进行教学案例的分析，每学期上一节公开课、完成1~2篇教学案例；重视科学研究与成果汇报工作，争取每个学期能写出一篇有质量的论文。通过撰写论文，把自己的专题研究从实践层面提升至理论层面。不断提高论文质量，争取在市级刊物上发表一篇论文。

以上是我在今后三年中的个人发展规划，我会按照以上的规划不断地学习、实践、提高、总结，不断提高自己在教育教学工作中的能力！

点　评

1. 制订规划需要系统剖析自我

该教师系统梳理了自己从教以来在专业知识、教育教学、班级管理、教学研究方面取得的成绩。这里有对过去成功之处的总结，如育人为先的教育理念、班级管理的经验、主动学习发展的习惯、科研能力的提升等。同时，该教师也从过去的经历中提炼不足，并基于问题制订出近期提升自身专业的发展目标和具体措施。整个规划中有长远的目标，也有近期三年的目标。不难看出，规划者是在认真剖析自我、认真学习数学大咖名著的基础上制订了自己的规划。特别是该教师能够试图通过"学、思、写"来实现自身能力进阶，既有宏观方向的引领，又有具体量化的目标，这样易于自我监控规划的执行情况。

2. 规划的制订需要与社会发展同行

职业生涯规划是长远的设计，规划是否能够如期实现会受到自身努力、客观环境、社会发展等诸多因素影响。教师除了学习思考学科专业知识、学科教育教学知识外，还应紧跟时代步伐进行前沿知识的学习，进行一些前瞻性的思考。如在当前线上教学中教师对师生间的有效互动、作业反馈、学生学习的内驱力的激发方面存在着诸多困惑，这些问题背后既有对新形势下如何开展有效教学的拷问，又有对长期以来课堂教学是否关注学生主动发展的反思。

3. 规划的制订要挖掘自身的优势

认识自我是全方位的，注重补短也需扬长。从新手期走向熟练期既需要补短，也需要扬长，特别是需要深入挖掘自己成功经验中的合理性，如优异教学成绩、积极向上的班风背后的深层次的原因是什么？我是如何做的？这些做法背后的合理性是什么？别的老师是否也曾经这样做过？是否也达到了类似的效果？经历这些深层次的思考后，规划者可能对"思别人所未思，做别人所未做，能别人所不能"会有更深刻的理解，会逐渐从教育实践中悟到某种理论的支撑，也会发现自己与别人的不同。

【案例3】

俗话说：凡事预则立，不预则废。说的就是做事要有个计划。为了能让自己更快更好地成长和发展，成为让领导放心、家长承认、学生喜欢的教师，我为自己今后三年的成长做了一个规划。

一、现状分析

1. 优势

（1）教育教学。走上三尺讲台已有二十余载，接触了一个个活泼可爱的孩子，与他们相处的每一天，让自己实现了人生的理想，也品尝到了生活的酸甜苦辣。我却乐此不疲地醉心于教育教学工作，通过自己的不懈努力，也取得了一些聊以自慰的成绩。

（2）科研能力。一勤天下无难事。即使教育生活平淡细琐、压力重重，我也能做到脚踏实地、心无旁骛。我深入研究教育科学，不仅对自己所教的学科非常熟悉，又时刻保持创新的意识，教育教学效果良好。

（3）学习能力。吾生也有涯，而知也无涯。当今教育观念变化之大，教育形势发展之快令世人目不暇接，我深深体会到学习是教师的生命线。作为一名数学教师，我始终站在课改的前沿，不断更新教学观念，努力提高自身素养，具备一定的职业智慧。

2. 不足

（1）理论功底薄弱，很多教学现象能感悟，但不能将其上升至理论高度加以阐述。

（2）对新中考的改革适应能力不强。因为自己是一名老教师，有一些教学经验，前些年也取得了一些成绩，所以，总是凭经验教学。但随着新中考带来的变化，经验反而成了牵绊，越发不适应现在的教学。

二、三年发展目标

在个人三年发展规划中，我为自己设定的总目标是提升师德修养、更新教育理念、改进教学方式、增强综合能力，做一名"品正、业精、生爱"的教师。具体目标如下。

1. 第一年

积极钻研业务，多看与教育有关理论的书籍，认真阅读，做好读书笔记。把握一切听课、培训的机会，多向专家、同行学习，做到在活动中积累经验，在参与中不断提升自己。积极撰写论文，争取获得市级奖励。

2. 第二年

阅读相关的理论专著，提高自身的科研能力，争取在刊物上发表文章。

尝试自己独立承担科研课题的研究。

3. 第三年

继续提高自己的教学能力和技巧，形成自己鲜明的教学风格。对前两年的工作进行总结，形成有实用价值的教育教学论文。将前面进行的课题研究写成阶段性结题报告。

三、具体措施

为了完成个人三年发展规划，准备采取如下措施。

1. 要有自我发展意识

立足个人发展，做到有目标、抓落实。根据自己制订的目标，有针对性地把握个人发展方向。

2. 坚持阅读提升自身素养

广泛阅读教育教学理论和专业书籍，密切关注教育教学动态，自觉做好读书笔记，撰写读书心得，努力提高自身的教育教学理论水平。同时将理论知识与自己的实践结合，为自己的教学工作打下更扎实的基础。

3. 深化课堂教学实践形成个性化教学

在实践中不断磨砺自己，理解数学与稚化思维。能透过现象看到本质，在教显性知识的同时，能挖掘出其后的隐性知识。把晦涩难懂的知识通俗化，使学生听得懂、学得会。与此同时使自己的教育教学能力、学习研究能力都能在原有基础上有明显的提高，形成具有个人特色的教学风格，有观摩研究的价值。

4. 树立科研意识

从落实教学反思环节开始，反思教学的目标是否有效达到，反思教学的成功亮点与不足之处，分析成功或失败的原因，并附上自己的观点感受，为进行科研创作积累材料。在学习中探索实践、在实践中积累提高，以理论指导实践，不断提高自己的理论水平和实践能力。

"我不能肯定努力了一定成功，但有一点我能肯定，那就是不努力一定不能成功！"今后我会时刻对照目标，扬长避短，使自己在三年中不断成长，不断进步。

点　评

这是一位有近30年教龄的教师的三年规划。现状分析部分的字里行间都流露出该教师对教育工作的真情实感、对教育理想的执着追求。同时，该教师也客观地分析了自身在"以理释例"、在适应中考改革方面的欠缺。这些不足折射出当前很多兢兢业业的中年教师在职业生涯中面临的困境。

教师的工作离不开实践经验，但也不能止步于经验。从基于经验到走向基于实证，从简单复制固有套路到尝试新的改变，不仅需要自我革新的魄力，更需要有理性的思考和教育教学相关理论的指导。教师的研究更多是在做基于教学实践的行动研究，以学校里、课堂上、师生间发生的点滴小事为素材背景，发现问题、提出问题、分析问题、解决问题。

故此，教师在为什么学、学什么、怎么学，为什么研、研什么、怎么研上还可以进一步细化。特别是当前线上线下融合教学逐渐成为教育教学的新常态时，就更需要教师紧跟时代步伐，关注当前教育发展的热点和难点问题，积极寻求破解之策。

第二章 师德篇——唯有热爱方能坚守（影响力）

第一节 师德是成为优秀教师的必要条件

1. 师德的历史溯源与现代启示

早在原始社会，我国还没有专门的学校和教师，教育的内容除了生产生活的知识和技能之外，还没有从原始生产、宗教与艺术等活动中分离出专门的教育活动。正是因为生产力水平低，文字也还没有产生，所以口耳相传与行动模仿就成为原始教育的主要手段和方式。在这种形式下，逐渐形成了一些粗浅的、外在的行为习惯和朦胧的师德意识。

伴随着阶级的出现，学校教育按性质分为官学和私学两大类。在春秋时期，孔子明确提出"有教无类"的主张，认为"学而不厌，诲人不倦"是教师的首要条件，他认为教师应该以身作则，用自己的行为举止作为学生学习的表率。他指出了"其身正，不令而行；其身不正，虽令不从""不能正其身，如正人何？"等许多关于教师修养的思想。此时，教师的职业道德也就逐渐形成。

到了西汉时期，汉代官学标志着我国封建官学制度的确立，中国教育史上形成了第二次比较完整的官学体系。在这一时期，董仲舒提出了独尊儒术、兴太学、重选举三大文教政策，他提出兴太学是培养人才的关键，是教化的根本，这为之后的历代教育奠定了基础，也为师德的形成与发展开辟了广阔的实践天地。教育史上最突出的贡献是唐代著名文学家和思想家韩愈提出的关于教师的论述，他指出教师要"术业有专攻"才能胜任传道、授业、解惑的职责，还提出了"弟子不必不如师，师不必贤于弟子"的观点，这些对于我们今天如何处理好师生关系是非常有启发的。宋代著名教育家朱熹也曾经强调教师立学教人、修身治国的道理，这成为当时师德的主要内容。① 明清之后，还有许多著名的教育家对师德的内容做了大量的补充，为师德理论的完善提供了大量的借鉴。

新中国成立以后，在党和政府高度重视师德建设的理念下，我国教育不断完善和发展教师职业道德的内容。20 世纪 60 年代初期，我国制定并颁布了《全日制中学暂行工作条例（试行草案）》，提出了"教师的根本任务是把学生教好，教师应热爱教育事业，努力完成教育任务；教师要爱护学生，要以身作则，要努力学习"等要求，为师德

---

① 张怀珠."师德"溯源[J].河南职技师院学报：职业教育版，2001(3)：52.

建设指明了方向。中国改革开放以后，教育也进入"三个面向"的新的历史时期。1984年，原教育部和全国教育工会联合颁布了《中小学教师职业道德要求（试行草案）》，正式指出了六条师德规范，是我国教育史上最全面的一套师德规范，标志着师德建设已经进入了一个崭新的阶段。历经千年发展起来的师德教育，涌现出了无数"师范端严、学明德尊"的教育家，这些教育家的著作和言论当中包含了丰富的师德思想，为后世积累了非常宝贵的文化遗产。

于漪老师是改革开放40周年"改革先锋"基础教育界的唯一代表。她被誉为"苏霍姆林斯基式的教育家"，有着非凡的影响力。她集教育理论和教学经验于一身，在语文教育界乃至整个基础教育界颇负盛名。她多次强调"教育是一项伟大的事业，一头挑着学生的今天，一头挑着国家的未来"，教师的重要性既体现在"它是教育理想与教育现实的转化者，是教育理论与教育实践的转化者"上，又体现在"教师的工作是铸造国民素质之魂，今日的教育质量就是明天的国民素质"上。于漪老师把汉代《韩诗外传》中的一句话作为自己的座右铭："智如泉涌，行可以为表仪者，人师也。"她解释说："'智如泉涌'，就是你的智慧要像泉水一样喷涌而出；'行可以为表仪者'，就是你思想言行能够当别人的榜样"，这是她对自己人生目标的觉解。在谈到语文学科实用性定位的弊端时，于漪老师说："所有文科'教材'都是道德载体，它的着眼点是育人……育人就是对受教育者、对生命价值的认知和君子人格的塑造"。[①] 她重视有教无类，主张"师爱超越亲子之爱"，她经常以"为天地立心，为生民立命，为往圣继绝学，为万世开太平"来激励当今的教师，真可谓是"仰之弥高，钻之弥坚"。

2. 对知行合一涵养师德的思考

"知"通常是指知觉、知识、道德意识等；而"行"通常是指习行、实践等，是个人的行为及活动。在知和行的关系上，古代哲人存在着不一样的分歧和见解，但是把知行合一、知行并重作为重要德育的观点却是保持一致的。我国古代许多教育家都非常关注对道德品质和行为习惯的培养。孔子提出"仁远乎哉？我欲仁，斯仁至矣。"宋代朱熹说："大抵学问只有两途，致知力行而已。"也就是说注重道德修养就必须重视两条途径：一个是致知，重知理；另一个就是力行，重实践。重点强调道德认知与实践相结合。荀子说："君子博学而日三省乎己，则知明而行无过也。"也同样明确地指出了加强修身，勇于实践的观点和要求。

在学校德育教育的过程中，必须注重知行合一、言行一致的要求。而且对青少年开展德育工作的方式方法也应当与时俱进，不断创新，应该把道德认知、情感和实践结合起来，注重知行合一，严格落实狠抓学生的养成教育，不能只是道理讲得多，行为指导

---

① 任彦钧. 现代教育"穿裙子的圣人"：写在"人民教育家于漪教育思想研讨会"之后[J]. 语文教育通讯，2019（7）：9-13.

少，虚而不实，知行脱节。另外，还要要求学生切实遵守道德行为规范的要求，注意培养学生的自律精神，使学生能够自觉实践道德规范，只有如此我们的德育教育才是成功的。

第二节　工作室成员教育故事札记

阳光批评也是一种育人艺术

密云区西田各庄中学　王银华

教育学生有时离不开合理的批评，阳光批评是在阳光教育产生的大背景下应运而生的，只有让批评沐浴在正面指导、实事求是、真爱的阳光中，才能使学生成长得更好。

一、动之以情，使阳光批评有"热度"

感人心者，莫先乎情。学生在成长中难免出错，作为教师要以真诚的心态，动人的话语，热情的态度去帮助、提醒他们，真心善意地指出错误所在，让孩子们体会到老师的做法的确是为自己好，让他们心里感到"暖暖"的。

教育教学中经常遇到一些脾气倔强，个性要强的学生，他们往往不愿意承认自己的错误，或者干脆与老师"抬杠"。上一学期，我刚刚接八年级一个班的班主任，就遇到了这么一位学生，他在班上被称为屡教不改的"硬汉"，他常常犯错误，我找他谈话，他态度很坚决，总是说自己没干，还装出一副被冤枉的模样。对于这种个性的学生，我找他谈话前，会从各方面搜集他犯错误的材料，认真研究每个细节，对照校纪班规逐条分析，和他谈心，并不急于指责他，让他感到我是以一个好朋友的身份在帮他认识自己的错误，改正自己的缺点。在这种情况下他渐渐放松了心理防线，和我开诚布公地谈起心里的很多想法，反复几次，他倔强的脾气渐渐转变了，行为上有了很大的转变，我的班级管理工作也轻松了许多。

对于这类学生，在批评教育时老师要用阳光的心态，用一颗真诚的心来感染学生，使他们在受教育中感到很温暖。

二、恩威并用，使阳光批评有"韧度"

徐特立说过，"对犯错误的学生要从培养他们的自信心、自尊心中去批评他们的坏处"。对自尊心强，心细，敏感，好面子的这类学生要巧妙运用鼓励，在鼓励中给予信任和期望，巧用阳光批评的"恩功"。

我们班里的语文课代表，她勤奋好学，成绩在整个年级名列前茅，有爱看课外书的好习惯。有一次，我在上数学课，她居然在课堂上拿出课外书看，我发现后并没惊扰她，而是在课后我找她谈话："学校倡导阳光阅读，你爱好看书，这是个好习惯，老师非常赞赏你，你的作文的确很优秀，要是你能在课外发展你的兴趣，上课按老师要求做，那你就更优秀了！老师相信，你一定能做到的……"我没有大发雷霆地直接批评她，这让她很感激，也很羞愧。后来这位学生对写作产生了浓厚的兴趣，并持续用功，作文经常获奖。

这样的阳光批评，表面像鼓励，实际上是一种批评，比起训斥和责备，效果好多了。但也有极个别学生行为习惯差，而且屡教不改，有时错误行为很严重，影响很坏。对这类学生，我就认为不能迁就他们，应该不失时机地用上"威功"，使他们的内心受到震慑。批评的态度要严肃认真，目的要明确，要让犯错误的学生及其他同学都认识到错误的严重性，理解老师的良苦用心。

三、引导自评，使阳光批评有"深度"

极少数学生不能接受批评，对于这样的学生，教师可以为他们指点迷津，巧妙引导他们自我批评。

课间，班里两个平常不爱惹事的男生在教室里打架，被班长带到了我面前。我想先了解一下情况，问一下原因，谁知两人都还在较着劲，抢着争辩。我制止后，想到了阳光批评的另一种形式，即引导自评，我让他们俩回到教室各拿一个本子和一支笔，把打架的经过写下来。我一声令下，他们奋笔疾书，笔尖在纸上发出沙沙声，好像有很多委屈要借助这支笔表达出来。

写完后，我要求他们互相交换着看，用红笔将对方写得不属实的地方改过来。双方改完后，我又让他们交换回来，检查对方改得对不对。又经过简单的交流，两位男生都认可了对方的修改。最后，我又要求他们将两人修改好的事情经过合并整理到一张纸上。

一个写，一个念。起初，两个人分开坐着，渐渐地，两个人像好朋友一样地坐到了一块儿，亲切地商量着写，像是课堂上的小组合作学习。看完他们合作完成的"事情经过"之后，我又顺势引导，要求午自习时间每人写600字以上的反思，他们也按要求把反思交给了我。这件事情我从头到尾没有批评他们一句，事实上，他们通过自评已经深刻认识到了自己的错误，并且做出了改正的行动。这就是阳光批评的魅力。

总之，阳光批评是一种高超的育人艺术，教师必须有一个阳光的心态，允许孩子犯错误，把握好阳光批评的热度、韧度和深度去教育他们，使他们在阳光的沐浴下健康成长。

热爱学生乃教师幸福的源泉

密云区大城子学校　董学燕

我很荣幸，因为我从事的是太阳底下最光辉的事业。更幸运的是，从教近30年来，我一直担任班主任工作。在多年的班主任生涯中，有诸多说不完的故事。

有人说，爱好孩子容易，爱差孩子很难，想必小A就是这样的一个孩子。他脾气暴躁，十分任性，经常跟同学发生纠纷，是班里有名的"小霸王"，学习习惯也很差，经常不完成作业，总是编一些谎话欺骗老师。

一次我去他家家访，小A的奶奶接待了我，老人还未张口，已是泪流满面。奶奶向我诉说着孩子的不幸……继母的冷漠、爸爸的简单粗暴造就了小A今天的样子。缺乏母爱、没有安全感的小A仇视一切，在他的眼里"拳头"是解决一切问题的最佳方法。我含着眼泪结束了此次家访，也更坚定了要用自己全部的爱去感化小A的决心。

家访结束后，我第一时间就和小A在外打工的父亲取得联系。他朴实的话语中透露着心酸和无奈，他说："老师，如果孩子不上进又影响别人，我倒不如把他领回家。"看得出来爸爸对小A已束手无策。我先说服他与我达成协议，无论如何不能再打孩子，否则我们的教育方式不一致，更达不到教育目的。

接下来我和小A倾心交谈，首先，告诉他父亲非常爱他，为他付出了很多，只是不会表达自己的爱而已，听了我的话小A的眼圈开始有点发红；接着，又告诉他作为一名中学生应有一颗宽容之心，遇事要沉着冷静，好动拳头既不能解决问题，又伤了友情，也显得缺少君子的风度；最后，我抓住他喜欢生物而且成绩较好这一"闪光点"，提出如果在其他学科也这么努力，学习一定很出色。此次谈话初见成效，小A上课认真了，作业、纪律也比之前有了进步。

当然，我知道孩子这样的习惯还有一定的反复性，所以告诉自己不要急于求成，要有足够的耐心。于是，从那之后我就常常和他沟通，一点点开导，一遍遍鼓励。我就是想让他知道，还有人心疼他、理解他、支持他。每次沟通之后我都会顺便提醒他："一定认真完成作业。"

另外，我还让有责任心的同学去帮助小A，方法多样，可以是电话提醒作业，也可以是放学前检查他的作业记录本并签字，这样既锻炼了部分孩子的工作能力，又可以保证小A的作业完成。我的关爱和同学的热情相助，让他突然觉得教室和学校都变明亮了，自己也感到浑身都是力量。他像变了一个人，热情也上来了，尽心尽力做好老师交给他的每个任务，尤其是在一些活动中表现出极大的热情，同学们也对他刮目相看。他越来越自信，和同学的矛盾少了，学习上也开始用心了。

从这个教育故事我深刻地认识到，怎样做一个好的班主任。

一、以人为本，用爱感化

教育是一门仁而爱人的事业，爱是教育的灵魂。对于小A这样的孩子，要敞开心扉，以关爱之心来触动他的心弦。"动之以情，晓之以理"，用爱去温暖他，用情去感化他，用理去说服他，从而促使他主动地认识并改正错误。

二、同伴帮助，友情感化

同学的帮助对他来说，是必不可少的，同学的力量有时胜过老师的力量。同学之间一旦建立起友谊的桥梁，他们之间就会无话不说。让他感受同学对他的信任，感受到同学是自己的益友。让他感受到同学给自己带来的快乐，让他在快乐中学习、生活！通过同学的教育、感染，促进了同学间的情感交流，这样对转化学生的工作能起到较好的效果。

三、持之以恒，耐心转化

学生的转化，一般要经过醒悟、进步、反复、巩固、稳定的过程。"反复"说明转变工作的艰巨性和长期性。孩子的内心世界常处于矛盾和冲突之中，自信与自卑、努力与懈怠、开朗与忧伤、大胆与怯懦、自主与依赖交替发生。因此，教育工作者应持之以恒，要有足够的耐心，按照"反复—巩固—再反复—再巩固"的规律，深入细致地做好学生的转化工作。

朱熹说过"问渠那得清如许，为有源头活水来"。我认为教师幸福的源泉就是爱学生。作为教育工作者，作为班主任应以赏识的眼光和心态看待每一个学生，使他们找到好孩子的感觉。也正由于有了老师对他的信任、尊重、理解、激励、宽容和提醒，才使他找回了自信。让每一个学生都健康向上地成长、快乐地学习。

爱也要有的放矢，讲求方式

密云区第三中学　　石婷婷

人生活在社会上都希望得到周围人的认同，希望别人看到自己的价值所在。而初中阶段的孩子们都处在人生观、世界观、价值观的培养阶段，更加希望得到周围一切认可的目光。那么作为一名每时每刻都在和学生接触的教师，我们肩负着一个重要的任务——教书育人，要想完成这个重要的任务，我们务必向学生付出真心的爱，得到他们的信任，成为他们的朋友，让学生们"爱屋及乌"，喜欢老师，喜欢课堂，喜欢学科，从而达到更好的教学效果，而这个过程中的爱也要有的放矢，讲求方式。

一、耐心地爱每一个学生

每一个孩子都如同花朵一般，需要我们用智慧去爱护，才能使班级里百花齐放，争奇斗艳。有时我们可以全面喷洒爱的雨露，有时我们需要给予单独的呵护。在我的班内有这样一个孩子——小 C。这位小姑娘特别安静可爱，总是静静地坐在教室内，很少与其他同学一起出去游戏，几乎不惹老师生气，唯独成绩特别令我担忧。她升入初三时的数学成绩只有 23 分！面对这个既漂亮又可爱的小女孩，我真是舍不得批评她。但自己的学生，我必须接受，于是我就开始想办法让她在精心培育中慢慢成长。最初的课堂上，我为了让她在同学们面前拥有自信，每节课我都会提问她几个特别简单的问题，逐渐地令她意识到数学也有她会的问题。两周后，每当我让学生在课堂上做练习时，我都会"顺便"走到她旁边观察她的书写过程，碰到她不会的就提醒一下，若是她做对了就竖起大拇指表扬她，每次我都从她那双眼睛中看出被关注的喜悦。一个月后，我又在课堂上提一些基础的问题让她回答，但凡她有一点点思路的时候，我就会当着全班同学的面表扬她："小 C 同学真棒，经过一个多月的努力，能把这样的知识学会，真是值得大家为她鼓掌。"说这句话的同时，我就会拍手，而班内其他孩子见我为她鼓掌，也会毫不吝啬地拍手。几次之后我见她脸上开始有了笑容——她开始自信了。半学期后，她竟然会偶尔举手回答她会的问题，作业也写得越来越整齐。她平时的测验成绩一路上升，从 20 多分逐步提升到 80 多分。其实她的进步是被"夸"出来的。作为老师一定不能吝啬我们的表扬，对于任一花朵，只要我们耐心对待，精心照顾，一定会有花开的时候，让我们静待花开。

二、巧妙地调动学生的积极性

每个班都有几个需要你去调动积极性的孩子，在我们班就有这样一个小孩，需要我巧妙地调动他的积极性。小 D 是我所教的班级里一个成绩中等的普通男孩，平日里对数学并没有兴趣，仅限于完成老师所布置的作业，很少主动思考一些难题。所以我想了一个方法，并找了合适的时机开始实施。在一段时间里我经常在他表现比较好的时候表扬他，大约过了一个月，在一次留难题作业的时候，我这样说道："今天的作业我不强求，愿意锻炼自己思维的同学可以多思考，也可以和同学互相讨论，碰撞你们的思想和火花，而且今天的作业我不检查、不收，全凭你们的兴趣和自觉。如果有同学完成得很出色，那就将你们的作业展示在教室内。小 D 同学你愿意展示吗？"他思考了一下犹豫地说："不愿意。"我毫不留情地说："好，那我就放弃你这个名额了。"他本想我会挽留一下，没想到我这般干脆，顿时就脸红了，觉得特别不好意思。下课铃一响，他第一个追到我面前，想让我把名额再还给他。我问他："怎么又想参与了呢？"他说："其实我也想参与，但就是想让老师点将，那样我就知道老师相信我有这个能力了！"我马上教育道："将来的社会，干什么事情都是需要你自己去主动争取，哪能这般扭捏呢！一定要学会主动出击，而且学习是自己的事，不能随意放弃。下次如果你想成为咱班第一梯队的学生，真的得自己争取机会。"其实我知道，就在我点名的那一刻，他特别希望我钦点他，是我故意如此的。从此，小 D 的学习主动性就这样被调动起来了。

三、智慧地批评学生

教育家林崇德教授认为："表扬是爱，批评也同样饱含着对学生的爱。"也常说爱之深责之切，所以我们经常在看到学生有错误言行的时候会马上对学生进行教育。而为了达到更好的效果，我们也需要更加艺术地表达。有些孩子需要"单刀直入式"教育，有些孩子需要"迂回曲折式"教育，有些孩子需要"幽默式"教育，有些孩子需要"先扬后抑式"教育，有些孩子需要"留白式"教育。一次，我在判作业后发现班里有两个孩子的作业写的一模一样，而且题错的地方都如出一辙，离谱到写错的答案跟原题都不沾边，我一看就知道是抄袭。可是我没有在全班同学面前当众批评他们俩，我把两本练习册拿到了两个学生面前，对着其中一个学生说："你猜想老师从这两本作业中能判出什么内容？"顿时她的脸就涨红了，什么话也不说，紧接着我又说："如果你们两个是好朋友，那么她应该把题给你讲懂才对，直接让你抄只能让你越来越不会，初中生应能够判断出事情的对错，也知道正确的做法是怎么样的。"此时两人都不好意思了，一起说："老师，我们知道错了，下次一定不会了，现在我俩就把这些题搞懂。"这一次的批评没有用很长时间，但效果很好，从此之后，这两个孩子再也没有出现过这种现象，并且每到我上课的时候，都特别认真地听讲。其实这次的教育就是点到为止，留有余地，给学生一个自我批评、自我教育的机会，这样的方式学生不仅易于接受，而且对老师的宽容也会产生一种负疚感，从而有利于不断鞭策自己，再也不犯此类错误。这次教育虽没有剑拔弩张之势，却起到了事半功倍的效果。

就这样在教育的路上，我们需要不断前行、付出，在学习中从严要求学生，在习惯中从勤督促学生，在生活中从细节观察学生，最终从心底爱护学生。

用爱点燃希望

密云区第五中学　张　余

苏联教育家马卡连柯曾经说："爱是教育的基础，没有爱，就没有教育。"作为教师一定要对工作充满热爱，对学生充满爱心，用爱融化学生内心的坚冰，用爱点亮学生内心的迷茫，用爱点燃学生心中的希望。

在我从教的十余年里，我始终把爱学生放在教育的首位。我认为，爱学生，就务必善于走进学生的情感世界，就务必用真诚、真心对待每一个孩子，把自己当作学生的朋友，去感受他们的喜怒哀乐，这样才能得到学生的理解、信任和尊重。

一、用真诚的师爱温暖学生

爱是教育的根基，是教育的润滑剂，情况再特殊的孩子也会被老师真诚的爱所温暖、所感动。男生A是老师眼中的特殊学生，性格孤僻、脾气古怪、爱冲动、责任心差，给人的感觉比较阴郁。针对这样的孩子，我首先通过家访了解其家庭情况：家境比较贫寒，父母离异，母亲远嫁，父亲酗酒，父亲即使在清醒状态下也很少关心他，他最亲近的人就是奶奶了。听他的奶奶说，他小时候是个阳光快乐的男孩，父母的分开对他的打击很大，导致他比较孤僻、不爱与人交流、遇到问题容易冲动。在了解到这些情况后，我很心疼他，这么小就承受这么重的心理压力，他的行为上的种种问题都是缺少关爱所导致的。但从他关心奶奶的一些细节上，我又发现了他人性的光芒：孝顺、懂事。所以，我准备用真诚的师爱温暖他，让他明白有人能理解他、尊重他，让他在学校这个大家庭里找到自信和存在感。

首先，及时发现优点，并且给予放大，增强其自信。如他言出必行，向语文老师承诺能把作业写清楚，之后他就按照高标准要求自己，虽然和字迹工整的孩子还是不能比，但对于他自己来说已经进步了，而且一直在坚持。针对这一点，我在全班公开表扬他的言出必行，并且以此鼓励其他同学。这样一来，他在同学面前有了自信，更愿意与别人沟通、交流，也结识了两个好朋友。其次，尊重他，遇事先与他商量，增强其对老师的信任。针对学校提出的部长管理制，我问他能否担任班级的卫生部部长，当他听到这话时流露出不相信的神情，我又进一步表示相信他能做好，于是他很痛快地答应了。在他答应之后我又接着说："既然答应老师了，你一定把咱班卫生这个担子给我挑起来，替老师分担班级事务。"他痛快地答应了。在以后的值日工作中他都做得很好。最后，加强交流，化解烦闷。他比较情绪化，容易激动，这一点也需要老师晓之以理，动之以情。我在与他沟通之前，放低心态，以心换心，以朋友的身份和他聊天，切身地体会他的感受。平时对他多观察，在学校利用课间、跑操时间跟他聊天，回家通过微信和他聊天。

一个学期下来，他和别人发生矛盾的次数逐渐减少，性格渐渐开朗了，也交到了几个好朋友，对卫生部部长的工作也很认真负责，我想这就是真诚的师爱的力量吧。

二、用真心的师爱打动学生

女生 X 的父母年老体弱，母亲精神失常经常出走，父亲在外打工挣微薄的工资。X本应是活泼开朗的花季，却少言寡语，本应该是无忧无虑的年龄，却过早地承担起了家庭的重担。她上课经常打瞌睡，作业时常不完成，与同学爱发生口角。

面对她的诸多缺点，我没有责备她，而是给她讲海伦·凯勒、邰丽华等女性自立自强的故事，并嘱咐她连自己都不爱的人如何获得别人的爱？爱自己也是爱父母、爱家人的一种表现，要通过自己的努力学习去改变自己和父母的生活。

她生日那天，我送她两本书——《你是最棒的女孩》和《杰出青少年的七个好习惯》，并且写上寄语送给她。当她拿到书的时候，我看到了她眼中的惊喜和感动。之后我们经常谈心，心灵的距离也拉近了。天冷了我送给她一个暖宝，天气凉了叮嘱她多穿衣服，还买衣服送给她。她有点滴的进步我都会及时给她颁发导师寄语并进行星级展示。一天，她主动找到我要求负责班内填写积分榜和班级日志，以及安排值日表工作，我欣然应允。班内举行语文的金嗓子活动，她主动请缨担当主持人，串词写得非常工整，主持的过程也非常流畅。她逐渐地学会了管理自己，一年来她在思想和学习等方面有了极大进步，也变得开朗自信了。

雅斯贝尔斯在《什么是教育》一书中曾经说过："教育的本质意味着，一棵树摇动另一棵树，一朵云推动另一朵云，一个灵魂唤醒另一个灵魂。"用真诚对待每一个孩子，用真心呵护每一个心灵，爱孩子，给他们很多很多的爱，让他们在充满爱与关怀的环境里健康地成长。我相信只要我们付出真心、给孩子足够的爱，用爱点燃希望，就一定会打动学生，他们一定会绽放美丽。

做一名会讲故事的智慧教师

密云区高岭学校　孙芳雪

"孙老师，孙老师，不好了，您快去班里看看……"好几个孩子还没走进办公室，就大声地喊了起来，我心里一震，心想："完了，一定是班里出了什么事。"没来得及问清事情的原委，我赶紧跑到班里，后面跟着一直在和我描述事情经过的学生。进教室一看，刚刚做好的板报被破坏了，上面的材料散落一地，从同学的描述中得知，这一切都是小 T 所为，他和别的同学闹了不愉快，回到教室拿板报当了"出气筒"。几个做板报的同学正在那修整，一脸的气愤，其他学生在七嘴八舌地指责着小 T 的不是，而小 T 则坐在自己的位子上，低头不语。看到眼前的一幕，我火冒三丈，大声叫道："小 T，你过来。"可小 T 对我的指令置若罔闻，低着头走出了教室。

我安慰着辛苦做板报的同学，又看了看不见小 T 身影的教室，气愤和无奈涌上心头。这已经不是小 T 第一次发脾气了，开学他第一周撕了体检表，上周又推倒了同学的桌椅。我的同事们听说此事，个个义愤填膺，说对这种孩子应该杀杀他的嚣张气焰。对此我陷入了矛盾之中，这样做是维护了教师的尊严，但以暴制暴，可能会将学生推到教师的对立面，那么教育的意义又何在呢？而且前两次的严厉管教，效果并不明显，如何才能帮助小 T 控制自己的情绪呢？

正好下一节是我的课，教室里十分安静，孩子们似乎都在等着我狠狠地批评小 T。我若无其事地讲完课，在离下课还有十分钟时给他们讲了两个故事。

第一个故事讲的是有一个脾气很坏的男孩，总是和同学闹矛盾，父亲怎么教育他都没有用。一天，父亲给了他一袋钉子，并且告诉他，每当他发脾气的时候就钉一个钉子在后院的围栏上，等气消了，再把钉子拔出来，男孩答应了。一个月后，父亲带着男孩来到后院说："你做得很好，但是你看那些围栏上的洞，你每次消气后，虽然拔出了钉子，但却在围栏上留下了洞。你生气时说的话就像这些钉子一样，给别人留下了不能消除的伤害呀！"故事讲到这，我看到孩子们若有所思地听着故事，而小 T 低着头抠着手指。

看到效果还不错，我又顺势讲了一个"爱地巴"跑圈的故事。

有一个叫爱地巴的人，每次和人起争执的时候，就绕着自己房子外的土地跑 3 圈。他工作非常努力，房子越来越大，但只要与人争论生气，他还是会绕着房子外的土地跑 3 圈。直到有一天，爱地巴很老了，他的房子也已经很大了，他终于说出为什么一生气就要绕着房外土地跑上 3 圈的秘密。他说："年轻时，我若和人生气，就绕着房外土地跑 3 圈，边跑边想，我的房子和土地这么小，我哪有时间和资格跟人家生气，于是就把时间用来努力工作。而现在我老了，边走边想，我的房子这么大，土地这么多，我又何必跟人计较？一想到这，气就消了。"孩子们都静静地看着我，我知道那是信服，那是故事的力量。

下午，我在办公室备课，小 T 走了进来，满脸惭愧地说："老师，对不起，我不应该一生气就破坏教室板报，我一生气就控制不了自己。""知错能改就是好孩子，以后要像故事中的老人一样，学会控制情绪，不要在别人心中留下伤口。"让我意外的是，班里的同学不仅谅解了小 T，还在班干部的带领下开了一个"微班会"来帮助小 T 寻找控制情绪的方法。通过这件事，小 T 和同学们的关系改善了，同学们也从故事中受到启迪，而我自己也获得了心灵的救赎。

一个盲人路边乞讨，无人问津，诗人在他胸前的牌子上写下"春天来了，我却看不见"，没想到路人纷纷慷慨解囊。这就是故事带给世间的魔法力量。自此，讲故事成了我教育教学中的重要内容之一。我利用一些零散的时间，找准合适的契机，把故事化为春雨般送给孩子们，滋润着他们的心灵。美国总统林肯的故事，引导孩子们摆脱自卑，感悟自信的力量；曾参杀猪的故事，告诉孩子们诚信的可贵，要言而有信；阿里巴巴创办者马云的故事，证明了坚持不懈、脚踏实地地付出才能实现梦想……

听讲故事成了我和学生共同学习、生活的方式，我和孩子们之间有了共同的精神生活。我自己的人生经历和体验都是我和学生共同分享的故事题材。我给学生讲我遇见的生活中的真善美，引导他们真诚互助；我讲述我教过的学生的曾经和现在，让他们思考自己的学习生活；我讲述我经历的生活中的恶，引导他们分析身边的所见所闻，寻找生活的真相和答案等。这些都是学生爱听的故事，他们也乐于从故事中思考、审视、思辨。教育是爱的共鸣，是心与心的呼应。

教师的世界观、品行、生活态度都会影响学生。教师要时时以身作则，处处为人师表。学生一届又一届，教育情境多变，学生性情各异，教师不能用单一的教育方式去面对不同的学生。因此，让学生相信你，信服你，就要学会做一名智慧型教师，我相信蕴含情感和隐喻意义的故事教育方式。

日常的班级工作，可以利用故事委婉地对学生表达规则、劝诫或者要求，也可以把我们的建议和希望寄托在故事之中。故事可以让枯燥的说教变得生动有力、有情有味，可以将隐藏的情绪释放出来，打开学生的心结。我希望以一种尊重信任的态度，引导学生从故事中，接纳自己，宽容待人，寻找精神成长的力量。教书是手段，育人是目的。"以情育人，热爱学生；以言导行，诲人不倦"，对待学生，管而不死，严而不厉，爱在其中。

苏霍姆林斯基说过这样一段话："学校里的学习不是毫无热情地把知识从一个头脑装进另一个头脑里，而是师生之间每时每刻进行的心灵接触。"我希望用讲故事的方式和孩子进行心灵的接触，从而做一名好老师，做一名有智慧的教师。

以教育评价促进学生发展

密云区东邵渠中学　王晓静

我从事数学教学多年，对教学评价改革深有感触。以往数学教学采用单一的教师对学生的外部评价，即教师对照一系列评价标准，对学生进行测试和打分，在这种评价方式中教师居主导地位，决定一切，学生则处于被动地位，有时还会产生恐惧、消极心理，使评价失去时效性。新课改之后就不同了，学科的评价将过程性评价和成果性评价相结合，定性评价和定量评价相结合，教师评价与学生评价相结合。评价的主要目的是全面了解学生的学习历程，改进教师的教学和加强学校对教学工作的指导。在建立评价目标多元、评价方式多样化的体系上，充分发挥学生，学校，教师评价的主导、引导和促进作用，形成积极、平等、民主、友好合作的评价关系，促进数学教学全面和谐发展。

在我任教的班级中，有一个叫琳琳（化名）的孩子，她长得瘦瘦的，坐在教室最后边的角落里。在我刚接班的时候，她的成绩并不出色，不爱和同学交流，但是她是一个很懂事的孩子，在我近一个学期的教学中，很少能注意到她。

就在我上全等三角形复习课时，我让学生当堂做知识和题型小结，她做得格外认真，不但把全等三角形的所有知识点归纳齐全，而且把我平时课堂上强调的重点都归纳在一起。在展示优秀作品的时候，我第一个展示了她的总结。也许由于她平时太不出众，总之有的同学对于她的总结得到我的表扬提出了异议，"老师，她的总结也叫优秀作品呀！""她也能归纳好呀！"学生中发出了"嘘"声。这时，我留意到原本激动和骄傲的琳琳这时低下了她圆圆的可爱的大脑袋，不敢看同学们也不敢再看我。

"同学们，你们看琳琳做的总结，既归纳了全等三角形的有关性质和判定的定理，又将老师在讲课中强调的基本图形和注意事项进行了总结。"我耐心地给同学们讲解着，"她既归纳了知识，还总结了方法，这不是简单的归纳，她的小结是不是很有水平、很有个性、很有创意、很优秀呢？"学生们听了我的解释，终于理解了她的小结，并认可了她。看着琳琳重新抬起的头，羞得通红的小脸，我们俩会心地一笑。从那以后，我发现琳琳同学明显地变了，她变得更自信、更可爱了，越来越认真了。她上课积极回答问题，成绩不断进步，也更愿意接近老师了。

有人说："表扬是最方便、最廉价、最有效的奖品。渐渐地，在课堂教学的各个环节，不管学生回答精不精彩，我都会毫不吝惜地给出"OK！""好！""棒！你真棒！""你真聪明！"等溢美之词，并一而再、再而三地重复，有时会带头鼓掌或给予小物品奖励，以此来表示对学生的欣赏。的确，积极的评价是一种符合学生心理特点、肯定学生学习成绩的方式，可激发学生的学习兴趣、上进心和自尊心，对促进课堂教学质量非常有效。

反思关于我和琳琳的课堂评价教育案例，不难发现教育评价对学生的发展起着至关重要的作用，因此作为教师就要通过教育评价促进学生的全面发展。

以"评价促进学生发展，一切为了每一位学生发展"的教育理念告诉我们，以学生为中心，就是要把课堂还给学生，让学生在自我评价中，既是评价的客体，又是评价的主体，更是课堂评价的主人。通过学生自评、学生与学生互评、教师与学生共评，被评价者通过评价可以看到自己的成绩与不足，找到成功或失败的原因。通过评价使师生互相学习、互相激励、扬长避短，调动教与学双方的积极性，促使师生共同发展。作为教师，对学生的评价要做到以下几点：

（1）注重激励性评价，使学生爱上课；

（2）关注学生个体差异，让每个学生体验成功；

（3）用真情评价，激励学生自主发展；

（4）课后自我反思，师生共同成长。

评价要面向全体学生，同时也要尊重学生的个体差异。教师要因材施教，以评价促进学生的发展。

创设·引导·营造——用心陪伴学生健康成长

密云区第六中学　赵　月

如果要评选新时期"超级教师"的话，老师的哪点最重要呢？答案肯定是"人格魅力"。俗话说"亲其师，则信其道"，讲的是"爱屋及乌"的情感效应。现在的学生喜欢某位老师，听课兴致就高；不喜欢某位教师，听课时就老是昏昏欲睡。

《论语·子路》中说，"其身正，不令而行；其身不正，虽令不行"。教师的一言一行影响着学生成长、成人、成才，有些学生走路、说话、写字都有班主任的影子，这就是"随风潜入夜，润物细无声"的结果。

一、搭建平台，让学生成为课堂的主人

数学，对于一小部分孩子来说可能是一个枯燥、乏味、困难的学科。如何让在小学时学不好数学、不喜欢数学的孩子在初中喜欢上数学呢？我想这时候就需要教师发挥自身的人格魅力来引领他接近数学，从而喜欢上数学。

在我的数学课上，我非常鼓励学生发表自己的观点，无论对错，我都会大力表扬。为了让更多的学生能够在数学课上畅所欲言，我组织了很多的活动：每日一题、小小讲师团、小组展示……搭建这么多的平台，目的就是让学生们更多地参与到课堂之中，真正地成为课堂的主人。

在工作之初，我的班上有一个特别默默无闻的小女孩——小花（化名）。在容纳48

人的教室里，个子小小的她无论课上课下都像一个隐形人似的不爱参与任何的活动和讨论。考虑到孩子的自尊心，我没有强迫她一定要做什么。而是在数学课上时常微笑地看她一眼，或者问她一个不太难的问题。慢慢地，她对我也有了亲近感。一次考试过后，我在办公桌上发现了她写给我的一封信。信很长，前半部分是她对本次考试的总结和反思，后半部分中写道："我每天的脑袋就像电路一样，功率过大，丝熔断了。一天一天过得没有规律，睡觉的时间很少，做梦时都梦到在写作业。但是相比小学，我现在学习更认真了。上课时为了不走神，您课上的问题我总是想第一个回答，但是每次考试还是不理想。今天在讲卷子时，我特别怕看到您的眼睛……我把这些写出来并且非常期待您的回信。"看到她的信我很高兴，我想她对我是信任的，愿意和我一起分析问题产生的原因并且改进。当天我就认真地给她写了回信，在信中我肯定了她之前的进步和认真的学习态度，并且告诉她学习光靠死记硬背是不能学好的。任何知识都要先理解再运用，这样知识才能融会贯通。最后，我告诉她我非常喜欢她这个可爱的小姑娘，并且非常希望能成为她的学习伙伴，和她一起讨论数学问题。我把那封信夹在了她的数学作业本里。从她此后数学课上的状态我能确定她收到了那封信。从那以后，她数学课上的眼神越来越清亮，越来越自信。

二、方法引导，使学生的心中充满自信

很多数学老师都会对学生说："数学是最美的学科，数字是美的，图形是美的。"如果只是空洞地说，我想这些话对于数学学得不是很好的孩子来说可能就如同谎话或者笑话。这时候需要的是老师靠自身的人格魅力来引领他接近数学，从而喜欢上数学、感受到数学的魅力。

在初二的教师节我收到了小花的第二封信，信中她写道："我真的要谢谢您，我从小学就特怕数学，一上数学课就害怕。从初一您开始教我，死气沉沉的压抑感消失了。上次看完您的信，我发现只要上课听懂了，回家再复习一下，认真完成作业，及格绝对没问题。就是因为数学有了进步，我才开始把英语、语文学好。在'全等'那一章的章测中我竟然考了100分，我的喜悦是无法用言语表达的！现在我觉得我最喜欢、学得最轻松的就是数学，是您挽救了我……"看了小花的这封信，我和她一样心中充满了喜悦。我用我亲切的话语、细微的动作让她喜欢上了我这个数学老师，进而喜欢上了数学这门学科。

三、营造氛围，促进学生间交流分享

良好的学习氛围和环境对人有熏陶作用和约束作用。当我们置身于浓郁的学习氛围之中，就会受到感染，不知不觉地对学习产生兴趣。在数学课上，我总是会让学生在小组或者在班级内分享自己不同的解题方法。有时课上时间有限，我就让学生将自己的解题方法录制成小视频，分享到班级群内。长此以往，我们班的课间就经常出现两种情况：一种情况是下课后学生将我围在讲台上，争先恐后地要给我讲他们不同的解题方法；另一种情况是课间学生三五成群地在黑板上或在草稿纸上写写画画，互相讨论。下一节课的上课铃响了，学生们还会意犹未尽地丢下一句话："回家等我给你发视频！"师生间、同学间的革命友谊通过一道道数学题的讨论被加深了。

中考之后，我再次收到了小花的信。信里对我的称呼由"赵老师"变成了"我可爱的赵老师"，我感觉到我们越来越亲近了。她在信中写道："又一次给您写信了，真的挺想您的。与您相处了三年，感触最深的就是您是一位充满活力的老师。您讲课非常清楚，让我们一听就明白。不知道是什么原因，我们哪不懂、不明白，您都知道。别人都说老师就像母亲一样，而您却像我们的大姐姐。在数学课上您和我们一起猜谜语、做游戏，我以前从未发现数学课如此有意思，数学这么有意思。数学打开了我的话匣子，我最喜欢的就是课间和大家讨论数学题。我不但和数学成了好朋友，而且还通过数学结交了很多的朋友……"

如果说教师的工作是辛苦的，我想没有人会否认。我们既要做智者，以自己的智慧引导学生健康成长，又要做劳力者，随着这一群正活力无限的孩子们"上蹿下跳"。但更不能否认的是，当你看到这一棵小树在你的呵护下，长成参天大树，这种幸福感是无可比拟的。我幸福于自己的职业，幸福于自己所背负的责任与使命，更幸福于在自己不遗余力中收获的学生的成长。

启　示

教育家夏丏尊曾说："教育之没有情感、没有爱，如同池塘没有水一样。没有水，就不成其池塘，没有爱就没有教育。"教师，正德是本，正心是真，做教师就是在做良心。作为一名教师，我们站在孩子人生的第二起跑线上，高举着发令枪，关注着孩子的起跑姿势，心中只有一个念头：一定要让他们跑完全程，决不让他们输在路上。只有我们真正做教师的人才能体会到，教师的工作不能用简单的时间来衡量，学生占据的不只是你的时间，还有你的思想和灵魂。做了教师，我们才能体会到什么是魂牵梦绕，多少次半夜醒来，梦境中全是学生。教师要面对的不只是一名学生，还有他的整个家庭，他的成长环境；教师要关注的不只是他们的学习，还有他们的精神。

在平凡的工作岗位上，凡是要求学生做到的教师自己首先要做到：要求学生按时到校，教师就要从不迟到、不早退；要求学生在劳动中积极肯干，教师就不能袖手旁观；要求学生团结友爱、宽以待人，教师就要俯下身来和学生做朋友，真心相待……和学生们一起品尝失败的苦涩，一起品味成功的喜悦，用自己柔弱的双肩，架起学生健康成长的桥梁，教师那份执着与奉献，时刻震撼着学生的心灵。大爱无言，却深沉凝重，它要靠责任和精神为依托；大爱无声，却馨香远播，它需用汗水与泪水来浇灌；大爱无形，却有迹可循，它要用理论与实践作支撑。智慧的师爱永远是教育广深的根基，有了这样的根基，学生攀登起来才会身轻步健，才会凌绝顶而览众山。

第三章　读书篇——以书为伴筑梦成长（学习力）

"人类正从 IT 时代走向 DT 时代"，2014 年 3 月在北京举行的一场大数据产业推介会上，阿里巴巴集团创始人马云在主题演讲中发表了他自己的观点。

DT（data technology，数据处理技术）时代的人们每天都要面对海量的数据信息，需要不断过滤和提炼对自己工作、生活有用的信息。DT 时代加剧了信息过载的趋势，这就需要教师能够有目的地获取信息，提升自身的信息素养。教师的职业特点要求教师本人不断更新自己的"大脑硬盘储存"，保持终身学习习惯。为了完善个人的知识系统、能力结构，教师除了有选择地接受外在输入信息，更要主动获取知识。

第一节　DT 时代教师读书的意义

1. 教师为什么要读书

有人说当前教育中最可怕也是最悲哀的现象：一群不读书的人在拼命地教书。这种现象可能不是主流，但是在现实中不同程度地存在。很难想象一个不喜欢读书的教师怎么能让学生真正喜欢上读书，一个没有良好学习习惯的教师怎么能培养起学生的学习习惯。察其言，观其行，身教重于言教。"四个好老师""四个引路人""四个相统一"明确了新时代好教师的标准，指明了新时代教师需要努力的方向，而是否达到好教师的标准则要看教师的实际行动。教师的劳动具有向师性的特点，教师的言谈举止、爱好等往往都容易被学生关注和模仿。

读书是培养教师涵养与气质的一种方式。然而，在考试功利化的趋势下，很多教师的眼中只有冷冰冰的分数，只有无穷无尽的考题，只有对未来考试的种种预测，而渐渐失去了读书的习惯，失去了对生命的阅读，失去了教师的高贵品质，失去了对教育的热情，失去了教师本应有的生命底色。"教育实验"发起人、中国教育学会副会长朱永新在成都举行的"阅读的力量——2013 年新教育国际高峰论坛"上指出，"忽视阅读的教育越来越容易走进死胡同。缺少必要的阅读，使我们的学校异化为分数竞争的训练场，也使得我们的教师和学生在他们的教育生活中缺少生命的光彩和幸福。"可见，阅读对个体的精神成长至关重要，没有阅读就不可能有个体心灵的成长，不可能有个体精神的完整发育。教师如果不再有阅读的能力，他传授的知识也就成为无源之水，流之不远。

读书是促进教师自身专业发展的一条捷径。课堂上发生的每个事故背后都有其有悖规律的必然原因，这就需要教师不断读书学习，去探寻现象背后的本质。尽管每位教师都曾经系统学过教育学、心理学，但是在大学阶段检验学习效果的方式主要是考试，而不是应用这些理论来解释教育教学现象，从而指导教师改进教学。走上讲台之后，教师对遇到问题通常只是凭借主观经验处理，缺乏教理、学理的支持，往往知其然，不知其所以然，更不知因何而然。读书，可以让教师能明明白白地教，学生明明白白地学。

有人说，一个好校长就是一所好学校。其实，一群爱读书的教师又何尝不是一所好学校的未来？

2. 教师读书现状分析

(1) 从教师自身角度分析

教师应该比别的社会群体要多读书，这是教师职业特点的要求，是教师专业发展的需要，是精神涵养、积淀教育智慧的需要，是文化增长和生命成长的自觉追求的需要。所以，教师读书本应从内在的自觉需求外化为自觉行为。事实上，教师群体真正读书的情况并没有想象中理想。主要表现在：有的一学期或一年没读过一本完整的书，甚至有的根本没有读过什么书，缺乏持之以恒的读书习惯和强烈的读书学习欲望；有的不愿买书，更不愿精心读书、精心思考。能够根据教学研究的需要去订阅教育教学类的专业报刊的人不多，为拓宽知识视野去有目的地读专著的就更为少见。随着数字化阅读的发展，教师读书的渠道广了，但是更多人从网上获取的仅仅是娱乐消遣类的浅阅读层次的信息。

(2) 从学校管理角度分析

有的学校很少组织面向教师的读书交流活动，营造读书的氛围不够。有的学校只是对青年教师有读书方面的要求，缺乏对全体教师进行读书引导，"书香校园"变成了"学生的书香校园"或"青年教师的书香校园"，读书活动被极度窄化。有的读书沙龙只是定期集中封闭式学习，流于形式，而教师却没有真正把读书作为一种习惯。由于缺乏浓厚的读书氛围和读书环境，教师对读什么书、怎么读书认识不清，缺乏读书意识、读书兴趣，更多教师在教学之余没有严格的时间管理和读书安排，由此失去了读书的热情和耐心。当然从客观上，由于事务性工作过多，老师觉得没有时间看书，再强制性读书会加重工作负担；从主观上，老师对读书没有兴趣，缺乏内在的动机，缺乏时间管理和精力管理的相关思考。

(3) 从客观环境角度分析

现在学校都非常重视校园文化的建设，在学校的图书馆里都有充分的藏书资源供教师选用，基本能够满足教师的阅读需求。个别学校还提供了电子阅读的服务，为教师购买了"得道""喜马拉雅"等听书服务。"学习强国"中也有丰富的读书学习资源。教师读书内容和读书方式的可选择性很多，但是为什么教师不愿意读书呢？

教师读书习惯虽受教师个人行为、价值取向的影响，但因考试压力整天忙于完成备课、上课、辅导、批改作业、质量分析、撰写报告等业务范围内的工作，还要为配合不同部门的检查而准备各种档案材料，这些因素都影响了老师的阅读行为的实施。没有真正意义的阅读数量和质量作为基础，老师的读书效果也会受到影响。缺乏读书时间、自身意愿不强，导致部分教师缺失读书习惯，间接造成老师专业发展停滞不前、工作积极性降低、职业倦怠、工作创造性弱化。

3. 教师如何读书

（1）基于问题解决主动学习

为提升教师专业素养，各级主管部门及培训机构都为教师成长搭建了平台，安排了丰富多彩的培训内容。大多数参训教师是渴求学习提升的，是主动的学习者，如果培训的内容是针对教师需求的，培训效果就会很理想。只有切实了解教师的需求，培训内容才有可能与教师产生共鸣，与教师产生思维上的碰撞，才会对教师的教学理念和教学行为产生深远的影响，才会激发教师去自主读书学习，提高自身造血功能。因此，为切实满足教师的实际需求，各类培训活动的设计者通常会进行大型的调研，了解参训教师的共性问题。这种改变是从理念上的根本转变，是"变讲专家所长"为"满足参训者所需"。

当前，项目式学习已经成为学校研究的热点。虽然，大家对项目式学习的定义有不同的解读，但对"以学生为中心，通过教师引导，学生主动探索现实问题，获得更深刻的知识和技能"这一观点基本能达成共识。从教师个人专业发展角度看，发现问题、提出问题、解决问题是教师重构自我认知系统的重要模式。当然，从学校管理的角度，应当提高教师基于学校、课堂、师生间真实情境下的分析问题、解决问题的能力，通过重新定位教师的学习角色，积极打造学习者的角色认同。

（2）基于认知重构阅读名著

互联网改变了人们的生活方式和学习方式，拓宽了解决问题的渠道。通过百度，教师可以查阅到很多解决问题的办法；通过知网文献检索，可以找到很多解决问题的相关文献资料。教师可以将这些间接经验辩证地吸收，纳入个人认知系统中，这也是DT时代对教师信息素养的基本要求。

然而，基于具体问题的解决而收集到的各种信息往往缺乏系统性。为提升教师专业发展，教师有必要定期系统地读一本经典权威名著。它的内容可以涉及教育学、心理学、学科教育心理学，也可以涉及在推进课程改革、课堂教学改革、考试改革过程中建立在实践基础上的理性思考，还可以是相对前沿的研究内容等。比如，工作室成员同读的《章建跃数学教育随想录》《追求理解的教学设计》等，这些书的内容理论与实践相结合，贴近教师的工作实际，既有教师感兴趣的案例，又有对案例的理性分析，也能够激发教师对个人工作的反思。

基于认知重构来阅读名著，应进行读书的规划设计，如一学期系统地读完一本书，并结合读书反思个人的教学理念和教学行为，将读书、实践、反思相结合。

（3）基于拓宽视野泛在学习

泛在学习，又名无缝学习、普适学习、无处不在的学习等，顾名思义就是指每时每刻的沟通，无处不在的学习，是一种任何人可以在任何地方、任何时刻获取所需的任何信息的方式。泛在学习是数字学习的延伸，它克服了数字学习的缺陷或限制。由于移动通信技术的进步，移动学习也逐渐被引入 泛在学习体系。

由于学习时间有限，教师的学习要有明确的目的性和针对性，一般可以从以下视角选择。一是学科发展史，学科发展史可以让教师深刻地体会到学科文化价值，为教学提供素材。二是教育大咖的书，教育大咖通常都有自己教学主张、教育思想、独特见解，他们的书是理论与实践相结合的典范。三是学科专业书籍或报刊，这些书籍或报刊中通常有当前教育领域关注的热点问题，也有别人实践基础上经验的提炼。四是学科前沿书，这些书中有与本学科相关的前沿动态。五是学科教学方法，从教会学生，到学生学会学习是一个漫长的过程，这就需要教师能够从学科教学方法中汲取知识。

泛在学习方式让学习更灵活，但是也需要教师有意识地进行设计。可以说，没有专业的读书设计就很难通过读书促进教师真正的发展，也就很难成就高水平的教师。

第二节　教师读书体会选摘

《追求理解的教学设计》（第二版）随笔

密云区第五中学　梁　帅

《追求理解的教学设计》（第二版），是由美国哈佛大学教育博士格兰特·威金斯和马里兰州评估委员会主任杰伊·麦克泰格合作完成的。书内列举了很多优秀的教育理论和教育实践过程。但实际当我第一次拿起这本书心里是有抗拒的，外文翻译书籍，厚厚一本，这本书到底想要说明的是什么？怎么才能追求理解的教学设计？书中所说的教学设计和我们平时在学校写的有什么区别和联系？这些不是读一遍就可以理解透彻的。说实话读一遍下来印象并不深刻，第二次拿起这本书，心情又有了一些期待。有了之前阅读留下的积累，再次阅读时，就对一些概念有了更清晰的理解。

这是一本被广泛借鉴和应用的针对教学设计的指南式书籍，内容特色上大致可用三个词语来概括：理解、逆向和实践智慧。书中提出的逆向设计理论为我们的教学设计提供了很好的方向。逆向设计是该书提出的一个主要观点，在这个观点的支持下，我深刻思考了自己在进行教学设计时与该内容有关的不足。

"教师是设计者。该职业的一项基本工作，就是精致地设计课程和学习体验活动，以满足特定的教学需求。我们也是评估设计者，诊断学生需求以指导我们的教学，使我们自己、我们的学生，以及他人（父母和管理者）能够检验我们的工作是否达到了预期的目标。"在实际教学中，我们不难发现会有这样的现象：教师习惯上总是关注自己的"教"，而不是学生的"学"。换而言之，老师们课前在进行教学设计时会花费很长时间去思考自己要教什么、如何教、要求学生准备什么，而不是优先考虑预期学习结果。上述现象容易产生两种误区：一是活动导向的设计，在这样的情况下会导致学生只动手不动脑，学生会认为学习只是活动，而不是对活动进行有意义的思考；二是灌输式学习，这种情况就像是走马观花式的旅游，没有总括性目标来指引。因此该书提出了最好的教学设计应该是"以终为始"，从学习结果开始的逆向思考即"逆向设计"。

逆向设计分为三个阶段：确定预期结果、确定合适的评估证据、设计学习体验和教学。

确定预期结果。在这一阶段里，教师应该明确学生应该知道什么、理解什么、能够做到什么？什么内容值得理解？什么是持久理解？在实际教学中我们不难发现，教师想要呈现给学生的东西很多，但是往往在时间上是有限制的，因此，在教学设计中教师必须做好内容选择并且明确学习内容的优先次序。若是按照这样的设计方法，我认为在教学中应该就不会总是出现提前结束课堂教学和延迟课堂教学的情况了。

确定合适的评估证据。"逆向设计"告诉我们，教师要像评估员一样去思考，收集评估证据进而思考如何确定学生是否已经达到了预期的理解。

设计学习体验和教学。在逆向设计的第三阶段，我们必须思考以下几个关键问题：如果学生要有效开展学习并获得预期结果，他们需要哪些知识（事实、概念、原理）和技能（过程、步骤、策略)？哪些活动可以使学生获得所需知识和技能？根据表现性目标，我们需要哪些内容？指导学生做什么？如何用适当的方法开展教学？要完成这些目标，哪些材料和资源是最合适的？

除此之外，该书为了让读者更好地理解逆向设计，还专门设计了逆向设计模板、标准和实践。与此同时，逆向设计会使预期结果、关键表现、教与学体验之间产生更大的一致性，这样学生会有更好的表现，而这，正是设计的目的所在。

习总书记曾说过"教师不能只做传授书本知识的教书匠，而要成为塑造学生品格、品行、品味的'大先生'。"读完此书后，我对这句话的理解更加深刻了。其实在实际的教育教学中，教师也可以通过课堂来培养学生的思维和品格，这就需要教师在课前进行周密的教学设计。良好的教学设计，不仅仅是为了让学生获得一些新的技能，而是为了学生以目标及其潜在含义为导向，产生更全面、更具体的学习。

该书最后一章写道"行动胜于空谈"，诚然，"纸上得来终觉浅，绝知此事要躬行。"在教学中亦是如此，若想为学生理解而施教、采取逆向设计的方式来组织教学，就需要本人乃至整个教研组踏踏实实、认认真真地努力工作，这样在专业方面才会有成长、有收获。

阅书，独己，我想这是读书学习最好的状态。以上就是本人的一些粗浅认识，不足之处望批评、指正。

读《追求理解的教学设计》有感

密云区不老屯中学　姜苹苹

自加入初中数学教师研究室以来，就一直在以不同形式进行学习，如专家讲座、教师研讨课、读书交流会等。学习内容丰富，而且实用价值高。在研究室学习期间，崔老师给大家推荐一本数学学术方面的书籍《追求理解的教学设计》，大家都在各自繁忙的工作中挤出时间来阅读，但总感觉似懂非懂，需要高人指点。正在大家迷惑之际，崔老师及时组织大家进行读书交流，并借着教师的示范课例进行说明，这回大家在理论和实践上都有了新的认识。我再次体会到，站在巨人的肩膀上该如何进行问题研究。

在这本书中，让我体会最深刻的是对"理解"的认识，在此跟大家进行一些数学中有关"理解"的交流。在该书第二章"理解'理解'"中提到，理解是关于知识的迁移，如果真正具备理解能力，那就能够将我们所学知识迁移到新的，甚至是有时令人感到困惑的情境中去。对知识与技能的有效迁移能力是我们在不同情境和问题面前创造性地、灵活性地、流畅地应用所学知识的能力，因此迁移不仅仅是引入先前所学的知识和技能。在数学的学习中，要获得机械学习和记忆之外的知识，我们必须学会和拥有看到模式的能力，当我们遇到"新"问题的时候，我们可以将它们看作是由熟悉的问题和技术衍生而来的，这需要我们学习如何用迁移策略来解决问题，而不仅仅是引入特定的事实或公式。影响迁移能力的是人们对知识的理解程度，而不仅仅是对事实的记忆或对固定流程的遵循。赵老师的研究课——"同类项与合并同类项"的教学设计就结合了这部分内容。赵老师首先在同类项概念环节安排了大量的内容，在这个环节上大约用去了20分钟，从商品摆货架到数钱，从生活中的方方面面去举例，让学生去举例，去谈自己的理解，体会同类项。开始我还觉得是不是有点浪费时间，不如直接告诉学生定义，其实，随着教学的逐渐进行，我体会到了书中对"理解"的认识，这正是教师在引导学生进行知识迁移，从生活到数学，对数学模式进行提炼，而不仅仅是通过大量举例对定义进行描述，从这一点上可以看到赵老师的良苦用心。

读这本书给我的启发就是，越是急于求成，就越是拔苗助长，事倍功半。反思自己的教学，功利心太强，更多的是想用最短的时间，让学生掌握公式或定理，然后大量练习巩固，从而忽视了学生的理解力开发。学生仅仅记住答案，或者知道解答同类问题的常规方法，是不能具备应对新情境、解决新问题的能力的。从目前中考的发展趋势看，解决新问题的能力在试卷中被越来越多地体现出来。这个能力需要我们在日常的每一节课中培养，而不是等到初三专题讲解相关方面的知识。因此理解、迁移必须是学校每一节课的教学目标。在教学时，我们只能传授整个学科中一小部分样本，很多老师在下课后都会想：要是再给我点时间，我就能把什么什么知识讲了。殊不知，这些内容只是沧海一粟。甚至有很多老师去跟学校领导要课，理由是内容讲不完。其实我们从来就没有足够的时间去教授所有内容，迁移才应该是每节课上最重要和最困难的任务，因为我们要让学生能够自主学到的知识远比从老师那里学到的多。那么课堂上如何培养学生的迁移能力呢？最有效的方法是质疑。在这方面，苏格拉底是一个榜样，他质疑存在的知识以求了解和学习到更多。当我们提出某些问题，我们就学到了另一种有效的迁移方式，掌握知识何以成为知识的能力。由此可见，培养学生理解、迁移的能力远比多讲一个知识点、多做一个练习题更有意义。因此，在我们的课堂上，要从各个方面鼓励学生对知识多质疑，在质疑中将自己的知识进行筛选、重组、再认识。这本书虽有很多看不懂的地方，但对我认识事物有很大的帮助，有待我日后再去认真钻研。

苏霍姆林斯基说过"无限相信书籍的力量，是我的教育信仰的真谛之一。"我们应该站在巨人的肩膀上，不断更新自己的教育理念，善于思考，不断进行课堂实践，提升自己的专业素养。要将阳光散布到别人心里，先得自己心里有阳光，为了学生，我们必须坚持不懈地读书实践。

《追求理解的教学设计》读书体会

密云区第五中学　于江茹

最近我读了美国教育专家格兰特·威金斯和杰伊·麦克泰格合著的《追求理解的教学设计》，这是一本非常有价值的书，特别是对于广大教育工作者来说。这本书中的许多理论，为我解答了许多教学上的困惑，而其中实例和操作又为我的教学方式提供了实践的可能。

这本书提出了"逆向设计"的概念和方法，教师在考虑如何开展教与学的活动之前，要努力思考学习要达到的目的到底是什么，以及哪些证据表明学习达到了目的；要关注学习期望，然后才有可能产生适合的教学行为。作者认为最好的设计应该是"以终为始"，从学习结果开始的逆向思考。这个概念和方法对于我们追求有意义、有效果的教学设计很有启迪。

这本书对"理解"在概念和实践上进行了深入的阐述和解释，提出衡量"理解"的一个基本指标是能把所学的知识迁移到新的环境和挑战中，而不仅仅是知识的回忆和再现。教，就其本身而言，永远不会引发学。只有当学习者对学习进行成功的尝试时才会引发学习，进而学习者才会成功地理解所教内容。理解就是学习者完成的建构活动。我不能把理解给你，你必须自己去获得。成功的教学不是使用一大堆技术，也不是给学习者反馈许多词汇，而是通过词汇、活动、工具、引导性反思和反馈来促进学习者对教学内容的理解。所以我觉得学生获得的成绩，是因为他们自己或者是教师调动起了学生的主观能动性，学生在教师反馈及与教师积极交流中获得成长。

因此，基于理解的教学设计，为师生提供了一种可见的学习方式，让教育回归本质，以学生的"学"为中心，关注个体发展。因此我在设计"探索正方体展开图"一课时，先设疑，让同学们把准备好的正方体拿出来，利用手中的剪刀试试能有多少种展开图。让学生自己动手操作，分小组讨论交流。有的学生剪出来三四种都是一样的，而有的同学剪出来的跟组内其他同学的不一样，这样小组内整理出不同的图形，大家集思广益，互相补充，有助于学生发现更多的展开图，最后各组上黑板展示，最终十一种展开图都被学生找到了。这种让学生亲自动手体验的方法会让学生的记忆更加深刻，学生通过这种方法理解知识觉得很有趣，教学收到了很好的效果。我在设计"等腰三角形的性质"一课时，我并没有上来就讲"等边对等角"这个性质，而是让学生说说他们所知道的三角形有哪些性质。让学生来说是为了体验学生的思考方式。学生从边、角两个方面说出了很多性质，有的我都没有想到，学生想得很全。然后在继续探究等腰三角形性质过程中，我完全让学生思考，让学生成为课堂的主导者。经过多次尝试，我发现基于理解的教学设计，对我的课堂教学帮助很大。首先，培养了学生的非智力因素，激发了学生学习数学的兴趣，养成了良好的学习习惯。其次，培养了学生的创新意识和探究能力，培养了学生坚忍不拔、不屈不挠的意志品质。

书中还提供了许多案例、工具和支架，这对于我们的教学研究从经验型转向实证型，从知识为本转向核心素养为本，都既有理论高度而又有实操性的借鉴意义。

我觉得要想做好教学是一件非常困难的事情，难就难在教材所呈现给师生的学习内容，其背后有许多弦外之音，需要师生借助综合性的思考来加以理解。教师没有洞察知识的形成过程和学生的认知规律，就想要把教学工作做好是很不容易的，要想成功，必须站在学习者的角度理解他们在学习上的纠结与困难。追求理解的课程设计，既要帮助学生们意识到他们要做的不仅仅是接受灌输的内容，还要主动揭示隐藏在事实背后的内容，并思考它们的意义。知识不能通过教师传授获得，它只能通过巧妙设计和有效指导由学习者自我构建而得。这是一本值得我反复翻阅的书。

《追求理解的教学设计》读后感

密云区第六中学 赵 月

苏霍姆林斯基在《给教师的建议》中说："教师所知道的东西，就应当比他在课堂上要讲的东西多十倍，以便能够应付自如地掌握教材，到了课堂上，能从大量的事实中选出最重要的来讲。"优秀的教师绝对不仅是他那一门学科领域的专家，更应该是博览群书的饱学之士。在工作室中，崔老师定期组织大家开展读书沙龙活动。在活动中他向大家推荐了《追求理解的教学设计》这本书，我断断续续用半年时间读完了这本书，在读的过程中得到了很多的启发。

在这本书中作者提出了"逆向设计"的概念和方法，以避开学校教学设计中的两大误区——聚焦活动的教学和聚焦灌输的教学。前者没有明确学习体验如何帮助学生达到学习目标；后者缺少明确的大概念来引导教学，缺乏为确保学习效果而进行设计的过程。同时，作者用几个具体教学案例来说明何为聚焦活动的教学和聚焦灌输的教学。其中印象比较深刻的是一个"苹果主题教学"的例子：某个学校安排了一个以"苹果"为主题的单元活动，其中有语文学科的阅读和写作，艺术课的拼贴画，音乐课的儿歌，科学课的观察和描述，数学学科的苹果酱制作等。各个学科都以苹果为中心，安排了自己的主题活动。但是学生在热闹的活动之中，并不知道学习的目标是什么，到底形成了什么样的知识和能力。

这个关于"苹果"的单元教学案例让我感觉非常的熟悉，在我以往的教学中就曾经出现过这样的教学设计。追求以活动为向导的课程，为了激发学生的兴趣，安排学生参与各种各样的动手操作活动，而忽略了学习的价值。教学想要达到的效果是什么？在单元活动过程中，大概念和要培养的主要技能是什么？学生知道学习的目的是什么吗？该单元活动的学习证据在多大程度上反映了有价值的内容标准？通过这些过程和结果，学生将获得怎样的理解？这些问题在当初的教学设计中都没有得到我的重视。

"苹果"这个例子让我发现了平时教学设计中的一大误区——没有明确学习体验如何帮助学生达到学习目的。如何避开这个误区？作者在书中提出了"逆向设计"的概念和方法：教师在考虑如何开展教与学的活动之前，先要努力思考学习要达到的目的到底是什么，以及哪些证据表明学习达到了目的；教师必须首先关注学习期望，然后才可能产生适合的教学行为；最好的设计应是"以终为始"，从学习结果开始逆向思考。

回想自己的平时教学，评估往往是每个单元最后要做的工作。平时在备课时花大量的时间思考自己教授什么内容、要求学生做什么，而不考虑学生"怎么学"，不思考为了达到学习目标学生需要做什么。然而，这样的结果往往会造成学生不能够真正地理解他们所要学习的知识。

在书中作者对"理解"在概念和实践上都进行了更加深入的阐述和解释，提出衡量"理解"的基本指标是能把所学的知识迁移到新的环境和挑战中，而不仅仅是知识的回忆和再现。作者用第二章整整一章的篇幅阐述了何为理解，阅读完这一章我不仅明白了《追求理解的教学设计》中"理解"的含义，也更深层次地明白了课程标准中理解、了解的区别。同时为了解答"为什么要为理解而教？如何才能为理解而教？"作者在书中为我们设计了一个三阶段的模板。

阶段一：预期结果

"学生应该知道什么？理解什么？能够做什么？什么内容值得理解？什么是期望的持

久理解？在阶段一中，我们思考教学目标，查看已发布的内容标准，检验课程预期结果。设计流程的第一阶段需要明确学习内容的优先次序。"这也就是我们日常教学设计时所要思考设计的教学目标，查看课程标准，检验课程预期结果，明确学习内容的优先次序。在阶段一中，最重要的问题是要明确学习内容的优先次序。学习内容可以分为三层：外圈是"需要熟悉的知识"；中圈是"需要掌握和完成的重要内容"；而内圈是最核心的，即"大概念和核心任务"。对应阶段一设计模板，需要学生理解的是"大概念和核心任务"，需要学生知道和做到的则是"需要熟悉的知识"和"需要掌握和完成的重要内容"。因此，关键在于对理解的认识，知道和做到只是理解的辅助品，而不是目标的主要指向。

　　阶段二：评估证据

　　"我们如何知道学生是否已经达到了预期结果？哪些证据能够证明学生的理解和掌握程度？逆向设计告诉我们要根据收集的评估证据（用于证实预期学习是否已完成）来思考单元或课程，而不是简单地根据要讲的内容或是一系列学习活动来思考单元或课程。"当然，我们收集的证据既包含传统的测验和考试、表现性任务和项目、观察和对话，也包括不同时间内的学生自我评估。

　　阶段三：学习计划

　　"在头脑中有了清晰明确的结果和关于理解的合适证据后，就该全面考虑最适合的教学活动了。在逆向设计的第三阶段，我们必须思考以下几个关键问题：如果学生要有效地开展学习并获得结果，他们需要掌握哪些知识（事实、概念、原理）和技能（过程、步骤、策略)？哪些活动可以使学生获得所需的知识和技能？根据表现性目标，我们需要教哪些内容？指导学生做什么？如何用最恰当的方式开展教学？"

　　有了明确的预期结果和合适的评估证据后，我们需要思考几个关键问题：如果学生要有效地开展学习并获得预期结果，他们需要哪些知识和技能？哪些活动可以使学生获得所需的技能和知识？根据表现性目标，我们需要教哪些内容，指导学生做什么，以及如何用最恰当的方式开展教学？要完成这些目标，哪些材料和资源是最合适的？弄清这些问题，才能真正做好教学计划的细节。

　　这是一本值得反复阅读的书，每一次阅读之后都会有新的领悟和感触，同时这本书也将不断推动我将其中的理念转化成行动。

逆向教学设计的思考

密云区高岭学校　　孙芳雪

　　工作室定期组织读书沙龙活动，倡导每位成员树立终身学习的理念，养成"与书为伴"的习惯，坚持"读好书、好读书"，促进教师综合素养的提高。我热爱阅读，喜欢从书中去寻找答案。常读书和常思考，使我勇于和善于对自己的教育教学进行严格反省和内省，正视自己的不足，努力探究补救途径，同时，善于总结自己的成功经验，为教育教学的成功奠定基础。

作为一名年轻教师，对教育教学还有很多困惑，在自己的教学中，我常常思考：如何写好自己的教学设计？如何提升课堂效果？《追求理解的教学设计》一书，解答了我的困惑。这本书是由美国教育专家格兰特·威斯金，杰伊·麦克泰格合著的，本书提出了逆向教学设计的概念，即以明确的学习目标为起点，强调评价设计优先于教学内容和教学活动设计，以促进学生有效学习的教学设计模式。

一、逆向教学设计的优势

教师是设计师，需要精致地设计课程和学习体验活动。和其他设计领域一样，设计工作需要考虑他们的受众，受到标准的指导和约束。由此看教学设计，其实就是依据国家课程标准，统筹教学方法、教学顺序、资源选择等因素，来解决学生应该理解什么及能够做什么的问题。最好的设计一定是以学生为中心，因为教学设计的有效性取决于学生对预期学习目标的完成程度。

在我们的教学中，薄弱的、盲目的教学设计有两种类型："活动导向设计"和"灌输式学习"，前者没有明确学生如何通过活动达成学习目标，学生通常"只动手不动脑"；后者没有总括性目标来引导，常常是走马观花式的知识罗列。出现这种现象的原因，是我们在教学中通常从固定的教材，擅长的教法，以及常见的活动开始思考教学，只关注自己的"教"，而不是学生的"学"，忽略学生的需求。逆向教学设计将习惯做法进行"翻转"，从预期结果开始思考教学和评估证据，教学和学习体验以此为导向。逆向教学设计提高了教学设计的针对性，我们可以专注于设计教学评估、设计教学内容和教学方法、设置教学活动，从而去实现预期目标。以学习目标作为出发点和归宿点，导向性更强，保证教学前后的一致性。同时，一个清晰的目标帮助我们在设计时有所聚焦，围绕大概念、大主题选择教学内容，明确优先次序，突出教学重点。

二、逆向教学设计的三个阶段

阶段1：确定预期结果，本阶段需要教师思考：需要学生理解什么？学生能够做什么？并确定教学目标。

阶段2：确定合适的评估证据，根据预期结果确定评估证据。

阶段3：设计学习体验和教学，考虑合适的教学内容和教学活动。

三、对自己教学的思考

我们的教学应该以学生为中心，"为理解而教"，理解是学生能灵活运用所学知识进行知识迁移的能力。教师首先要对知识本身有透彻和深刻的理解，这样才能引导学生对数学知识深刻理解，培养学生深度学习，提高学生数学核心素养。在教学时，我们不是将知识点简单罗列，而是综合各项因素，从整体的角度出发，有明确的目标、评价和活动，即单元教学。从单元的角度出发，利用核心问题和大概念明确教学的逻辑和主线。

例如，"乘法公式"教学设计的几个阶段如下。

1. 明确预期的学习目标

能推导乘法公式：$(a+b)(a-b)=a^2-b^2$，$(a\pm b)^2=a^2\pm 2ab+b^2$，了解公式的几何背景，并能利用公式进行简单计算。

需要学生理解平方差公式和完全平方公式的结构特点；借助乘法公式可以简化计算；数形结合思想，转化思想，换元思想。

核心问题包括为什么要学习乘法公式？怎样推导乘法公式？乘法公式有什么样的特征？如何应用乘法公式？

2. 明确评估证据和任务

（1）在课堂教学互动和问答中，说出乘法公式的文字描述和符号表达，说出公式的结构特征；

（2）在探究活动和小组活动中，推导乘法公式，并用公式解决问题；

（3）完成乘法公式习题检测。

教师需要帮助学生挖掘不易发现的核心概念和观念，明确教学的逻辑主线。教师应该思考：学习要点是什么？大概念是什么？学生能理解什么？能做什么？怎么证明学生理解了，不理解又会有怎么样的反应？我们教学时应该提出什么样的核心问题，才能将零散的知识用清晰的结构，明确的主线贯穿？在这样的基础上，再设计阶段三的教学内容和教学活动，从而能更有序地把握学生学习。

3. 围绕目标是否达成，设计教学评价

乘法公式教学设计中的评价量表如下表所示。

乘法公式教学设计中的评价量表

评价维度		级别及标准		
		A	B	C
知识获得	数学原理的使用	能全部正确使用	正确率达到60%	正确率不到60%
能力提升	逻辑推理	能全部推导正确	完成部分推导	不会推导
	数学运算	计算结果均正确	正确率达到60%	正确率不到60%
	几何直观	能用面积验证	能尝试验证，但不正确	不会验证
学习态度		能尝试主动解决自己遇到的问题，必要时寻求教师或学生帮助	能按照教师要求认真听讲，对不会的问题不能主动尝试解决	需要在教师帮助下保持听讲
学习方法		能合理选择多种方法解决问题	能用某种方法解决问题	能机械模仿某个问题的解题方法
思维发展		能将问题转化为乘法公式	能联想到用乘法公式，但不正确	无法解决

读《章建跃数学教育随想录》有感

密云区大城子学校　董学燕

我非常喜欢阿基米德的一句名言：给我一个支点，我可以撬动地球。我想，作为一名人民教师，如果有足够的支点，就能托起明天的太阳。工作中，我一直在探求、寻找支点，一个偶然的机会让我找到了它。工作室给我们一人买了一本章建跃教授的《章建跃数学教育随想录》。

一、以课本为本才是好数学教学

只是关心"怎么教"的教育是没有灵魂的教育，只是关心"教什么"的教育是没有肉体的教育。于是，章教授提出了一个"好数学教学"的标准：能产生最大的长期利益的教学是好数学教学。"长期利益"的含义是指有理性精神，会用数学方式思考。

实际上，这也是数学教育最基本且重要的价值所在。课本是使学生学做人做事的基本载体，脱离课本的教学不是好数学教学，教师最基本且重要的职责是教好课本，而"教课本"的核心是"教概念"，这是因为"数学是玩概念的"；概念中蕴含着数学家的思维，它对学生学会思考训练价值最大；概念是思维的细胞，概念清楚了，思维的基础就有了；将概念中蕴含的数学家思维打开，并用于训练学生，是提高学生数学能力的捷径，也是提高成绩的法宝。

二、注重通性通法才是好数学教学

教师的教学工作就是将人类历史经验的精华即科学知识转化为学生精神财富。课程的本质是知识，学生的发展就是对知识展开教学工作的结果，而教学的主要工作就是要揭示知识的本质，并将其内化外化。在客观知识转化为学生的精神财富的过程中，教师的"教的意识"就处于一个至关重要的地位。

我们常常教导学生不要去追求解题的技巧，要掌握数学的通性通法。可是，通性通法是什么呢？章教授提出在"通性通法"中，"通性"就是概念所反映的数学基本性质；"通法"就是概念所蕴含的思想方法。因此，我们在每一个单元的数学教学中，要教给学生如何去研究这一单元的数学问题。这样的研究要遵循这个单元的知识所承载的数学思维方法，教师要能够通过自己的研究找到研究问题的一般规律，得出研究问题的一般方法。并通过教学活动，让学生理解、认同这种研究问题的一般方法，并最终成为他们自己的方法。这样才能落实数学课程的育人功能，使学生真正从"长期利益"中得到好处。

三、注重课堂生成才是好数学教学

长年的教学工作，我更多是在研究能让学生储存更多的知识的方法，特别是在考前的复习过程中，更强调储备对考试的作用。现实中，无论自己还是学生都有过上课听得懂，做作业无从下手的经历。

　　章建跃教授的《章建跃数学教育随想录》让我茅塞顿开。数学学习应被看作是一个过程，而不只是一个结果。数学学习、数学思维，就是一个反复尝试、探究的过程，不断修正、改进、完善的过程。教学光展示正确的过程是不够的，也应暴露其中的曲折。章教授指出好数学教学一定是那种能把学生卷入课堂活动中，使他们"躬行此事"而"绝知此事"的教学。这样的教学能极大地激发学生主动学习的欲望，调动学生的潜能；能给学生创造自主学习的空间，确保学生独立思考的时间；能敏锐地捕捉课堂生成的教学资源，并机智地将"生成"融合于"预设"之中，根据"生成"来调整"预设"；不以自己的"一家之言"遏制学生的"奇谈怪论"，想方设法地挖掘学生思维的"闪光点"，通过设问、追问、反问等"挑动"学生的认知冲突，让学生开展充分互动、交流，把学生的思维活动引向深入，推动他们的数学理解。

四、注重整体把握才是好数学教学

　　整体是事物的一种真实存在形式。数学是一个整体。数学的整体性既体现在代数、几何、三角、概率等各分支之间的相互联系上，也体现在同一分支知识的前后逻辑连贯性上。整体把握数学会使我们教师站在数学山峰之巅，鸟瞰数学全局，这样就有了大视野、全局观，在总揽全局之下，教学之阡陌交通，哪条教学之路更合理也就更清晰了，如此就能确保我们的教学设计更趋合理，有助于实现教学整体效率的提高。

　　章教授告诉我们，新课教学要有相应的整体观念贯穿始终，章节单元教学结束后一定要有知识的整理与概括。书中还列举了一些例子，如我们学习"三角形"一章内容时，首先要设置背景学习、目的，定义三角形概念。然后揭示本质特征，表示分类，获得研究对象。再然后研究三角形性质、研究三角形全等性质与判定、特殊三角形等。最后让学生了解研究几何问题的基本套路。学习"四边形"时要引导学生类比研究三角形的方法进行研究。这样学生既见树木，又见森林，对培养学生整体把握知识，把新知识纳入原有的知识体系是很有帮助的。

　　与一本好书的相遇是与一位良友的相识。心与书的交流，是一种滋润，也是内省与自察。数学不是枯燥的，在数学的字里行间闪烁着人类智慧的火花，璀璨夺目，流光溢彩，令人目不暇接。数学是神奇的，它会使人眉头紧锁，辗转反侧，寝食难安；它会使人捶胸顿足，绞尽脑子，烦躁难言；它会使人茅塞顿开，拍案叫绝，心悦狂欢。如果我们每节课都能深入地挖掘数学本质，感受数学文化的美好。我想我们的课堂一定是教师乐教，学生乐学，一派祥和的景象。

读《怎样解题》，思怎样教学

密云区第三中学　　石婷婷

　　研读一本专业书籍，是我在加入工作室后为了提升个人专业技能、修炼个人素养、丰富个人思想所做规划中的一部分。而在本学期我选择的书籍是《怎样解题》，在未真正翻开此书拜读之前，我以为这是一本关于教会学生如何快速解题的书，但真正翻开后才发现我的理解太过肤浅，作者借"解题"这个平台教学生学习数学素养并总结出非常重要的"怎样解题"表供大家学习借鉴。这是一本教会学生如何思考，引发教师思考如何教学的好书目。

G·波利亚在"怎样解题"表中阐述培养数学思维的新方法可以按照以下四步进行：第一，必须理解题目；第二，找出已知数据与未知数据之间的联系，如果找不到直接的联系，也许应考虑辅助题目，最终应该得到一个解题方案；第三，执行你的方案；第四，检查已经得到的答案。按照以上四步认真阅读书内的例题后，我产生了许多自己的想法。

第一步：你必须理解题目。这应该就是我们在平日教学中对学生提出的审题环节。书中告诉我们应该在审题环节知道：未知量是什么？已知数据是什么？条件是什么？条件有可能满足吗？条件是否足以确定未知量？条件或者不够充分？或者多余？或者矛盾？而且在这个环节中可以画一张图引入适当的符号。这就要求学生能够读懂文字叙述，有一定的语文功底，然后通过观察和分析将数学的文字语言转化为数学的符号语言，将条件的各个部分分开，充分挖掘题设的内涵，并内化于心，这个要求完全高于大多数学生所理解的只是把题目读一遍。所以我想，平日里我们的学生为什么会出现题目不会做的现象，原因在于第一步就未能做到真正理解题目。

第二步：找出已知数据与未知数据之间的联系，如果找不到直接的联系，也许应考虑辅助题目，最终应该得到一个解题方案。书中告诉我们可以这样寻找两者之间的关系：你以前见过它吗？或者你见过同样的题目以稍有不同的形式出现吗？你知道一道与它有关的题目吗？你知道一条可能有用的定理吗？观察未知量！并尽量想出一道你所熟悉的具有相同或相似未知量的题目。这里有一道题目和你的题目有关而且以前解过，你能利用它吗？你能利用它的结果吗？你能利用它的方法吗？为了有可能应用它，你是否应该引入某个辅助元素？你能重新叙述这一道题目吗？你还能以不同的方式叙述它吗？我想作者告诉我们这么多，是在帮助我们在已知和未知之间建起一座桥梁，而这座桥梁所需要的每一块砖和每一根钢筋，应该就是作者所说的辅助题目、定理或者定义，而如何搭建每一块砖和每一根钢筋是需要学生自己来选择和安排的，安排不同，则方法不同；选择不同，则优劣有别。这就是从审题到构思的过程，平日里很多学生做题没有思路，就像在沙漠中行走毫无方向，经常问老师："老师这题怎么做？我一点思路都没有。"所以我想这样的学生缺少的应该是相应的知识储备，辅助题目的积累。

第三步：执行你的方案。书中作者指出：执行你的解题方案，检查每一个步骤。你能清楚地看出这个步骤是正确的吗？你能否证明它是正确的？这部分我认为是将构思变为步骤，将方案变为实践。而就在这一转变的过程中，需要学生完全清楚每一步操作的理论依据，做到步步有理有据，思路清晰缜密，就像生活中做事要有法律依据一样。做题过程中的一丝马虎或者无理，就可导致全盘皆输。

第四步：检查已经得到的答案。书中详细地告诉我们可以这样反问自己：你能检查这个结果吗？你能检验这个论证吗？你能以不同的方式推导这个结果吗？你能一眼就看出它来吗？你能在别的什么题目中利用这个结果吗？按照以上几个问题反问自己其实是在指导学生检验、总结或反思，这不是简单地核对答案、纠正错误，而是要用多种方法从不同角度对题目进行重新审视、对方法进行迁移思考、对经验进行总结深化，从而扩大解题成果。正如波利亚所说："这是领会方法的最佳时机。"当解题者完成了他的任务，而且体验在头脑中还是新鲜的时候，去回顾他所做的一切，可能有利于探索他刚才克服困难的实质。

参考G·波利亚的四个步骤，为了引导学生形成数学思考的方法，那么在平时的教学中是否教师也该有步可寻，我也总结了四步。

第一步：弄清教学内容。这就包括教师必须清楚本节课所讲知识的具体内容，了解本节课所讲知识在体系中的具体地位，学生的知识储备（学情分析），以及讲授这部分内容所需要的指导思想和理论依据。

第二步：拟定教学计划。教师必须准确把握教学目标、教学重点难点，做好教学过程的设计（包括题目设计、问题设计、答案预设、活动设计、各步时间安排），以及本节课所需要的知识基础。例如，当教师讲授整式乘法中的完全平方公式时，需要给学生做好单项式乘以多项式或多项式乘以多项式的复习工作。

第三步：实施教学计划。我个人认为这一步的实施是个机动的过程，需要随着课堂的情况对自己的教学计划进行调整。这一步应该是教师引导指明方向，学生亲自完成的过程、真正体会知识形成的过程、真正亲自总结方法和经验的过程。例如，在完全平方公式这一节，学生需要亲自完成完全平方公式的推导过程，也就是亲自完成多项式乘以多项式的过程并得到计算结果，并试着自己总结出描述完全平方公式的文字语言，这一过程需要给学生时间去推导和感悟，而不是教师推导和总结。

第四步：教学反思。这一步大概是现在的多数教师所缺乏的一个环节。我个人认为，这是提升教师教学能力的最佳时机和必备环节。在这一环节中教师应该反思：教学计划的内容有哪些地方需要调整？时间该如何安排？教学过程中的教学语言是否严谨？教学过程中的哪些动作应该更规范？对学生的学习评价是否精准？我想可能还有更多的问题需要我在今后的教学中进行更多的总结。

总之，我很感谢并庆幸本学期我选读了这本书，我想再次阅读可能会有更多的感悟。

启　示

工作室开展了同读一本书的系列活动，活动主要采取自主阅读和读书沙龙的方式进行。其中，《追求理解的教学设计》《章建跃数学教育随想录》《怎样解题》是工作推荐的重点书目。开卷有益，但是教师的读书还是应当有一定的方向性，最好是有目的的读书。

读书，可以提升教师的精神气质。读书不仅能增长知识，开阔视野，还能滋养教师的人生底气。教师是知识分子，社会对教师的期待值很高。谈到教师，人们通常会想到"有学识，有文化，有修养"。但是，如何提升教师的精神气质？气质是文化的外在折射，腹有诗书气自华。一个有读书习惯的教师，经过书籍日积月累的浸润，气质就会逐渐变得不凡。

读书，可以影响学生读书爱好。学校的书香校园需要教师来营造，教师带头读书本身就是对学生的一种言传身教。爱读书、有书卷气的教师往往都是学生心目中的偶像，学生往往会因为喜欢老师而喜欢学习，往往会因为老师喜欢读书而自己也喜欢上读书。引领教师喜欢上读书，进而影响学生，培养学生终身阅读的习惯。

读书，可以提升教师专业素养。权威经典之所以长久不衰，是因为它凝聚了人类思想文化的精华，读来给人以深刻的启迪。走近原著，走近经典，走近大师，与名著对话，方能少走弯路。从陶行知、苏霍姆林斯基、杜威、于漪、朱永新、李镇西等教育家等身上，可以领略教育主张、教学艺术，从张奠宙、曹才翰、章建跃等身上可以品味出教育思想，从波利亚身上可以透过普适性的解题策略感受到数学家的非凡智慧。

透过教师的读书体会不难发现，教师能够将读书和自己工作实际紧密结合，逐渐形成学思结合的好习惯。学而不思则罔，思而不学则殆。工作室的读书活动只是为启迪教师心底智慧打开一扇窗，常态化的以书为伴必将让教师领略到窗外美丽的风景。

第四章　课堂篇——铸颜雕宰精进突破（实践力）

第一节　课堂教学变革的本质

1. 透视教学方式变革的本质

"培养什么样的人"和"怎样培养人"是核心素养涉及的新内涵，其完全符合新时代教育对人的发展所提出的要求，核心素养的提出为教师如何转变课堂教学指明了方向。反思当前教育背景下的课堂教学方式，其对于培养学生的核心素养仍然存在不足，因此改革和探索新的教学方式就具有非常重要的意义。同时，要实现核心素养的真正落地，就必须将其与课程和教育教学紧密结合起来。课堂教学作为提高学生核心素养的最直接而有效的途径，早已成为当前中小学课堂教学改革的重要内容，如何将核心素养的培养有效融入课堂教学活动中，如何变革教师当前的课堂教学方式令人深思。

（1）培养科学精神，实现教学内容向核心素养的转变

培养科学精神就应该鼓励学生善于从日常生活中发现问题，并能够运用所学的知识理性地分析和解决问题，使学生具备敢于质疑反思、勇于探究的学习精神。然而，目前的课堂教学更加强调知识的学习，忽视了学生内在能力和素养的培养。基于核心素养的教学内容，要从以知识为中心到以素养为中心转变，教师应重视培养学生思维能力的发展。那么要想从发展学生核心素养的角度选择教学内容，教师就必须突破陈旧的教学观念，摒弃传统的灌输式教学方法，以教学内容的整合性、生成性和动态性取代知识和经验的机械传递，使学生能够在学习中经历和体验知识的形成过程，将新知内化为自身素养，从而获得有价值的教育。

（2）尊重学生主体，引导学生学会自主学习

在新课程改革的背景下，学生只有进行有意义的学习才会有利于其核心素养的培养和发展。所谓让学生学会学习，就是要充分发挥学生学习的主动性，让其乐学善学、勤于反思，不断提升学生的思维能力和创新意识。相对于以往灌输式的机械性地接受知识来说，基于核心素养的教学必须坚持"尊重的教育"，尊重学生的身心特点和认知发展规律，尊重学生的主体地位，让学生能够积极主动地参与到学习活动中来。在课堂教学的过程中，教师应给学生创造表达和交流的情境，鼓励学生提出质疑、发表见解，与学生进行平等的对话，相互尊重、相互理解，和学生进行情感的交流，为学生提供一切可以自主学习的机会，使每个学生都能想学、乐学。

（3）鼓励实践创新，有效开展基于问题的学习

实践创新是适应未来社会发展的必备素养。传统的只注重知识的教学，过于笼统和死板，难以真正培养学生使其形成解决实际问题的能力。真实生活情境中的问题远远比书本知识更加复杂。核心素养注重的是培养学生在真实生活情境下的解决问题的能力，以便应对未来社会的发展变化。在课堂教学中，教师应注意知识联系实际，指导学生在自主探究的活动过程中利用其所学的知识尝试解决真实的问题。在教学过程中，教师不再是经验的传递者，而是学生学习的坚强后盾与支撑，通过创造适宜的学习环境，引导学生开展探究活动，真正成为鼓励学生发挥创造性的激励者。

总体来看，中小学阶段学生核心素养的培养与课堂教学方式的变革息息相关，要从文化基础、社会参与和自主发展三个维度出发，聚焦学生学习能力、实践创新能力等六大品格能力的培养，切实改革课堂教学方式，使学生在接受教育的过程中逐步形成能够促进个人发展和社会发展的必备品质与能力。[1]

2. 课堂教学典型问题分析

随着课程改革的逐渐深入，传统的固有观念的教学方式的弊端逐渐暴露出来，教学难以突破原有观念，仍滞后于核心素养的培养。

（1）以"知识技能"为本的课堂教学形式改变并不明显

相对于传统的"双基"来说，核心素养更加注重强调知识的广度和深度，注重学生高阶思维的培养。从知识的广度上看，目前的课堂教学仍然是围绕教材，以教授学科知识为中心，注重的仍然是基础知识和基本技能的落实，而忽视了学生素养的培养，仅仅保证学生受到基本的"文化基础教育"。从知识的深度上看，目前的课堂教学仍然是以教师讲授为主，学生就是认真听讲，做好笔记，缺乏对新知的再加工，缺乏对知识内在联系及意义价值的思考，不能有效实现知识的自我建构，学生的理性思维及质疑能力难以得到提高。

（2）学生的主体地位在课堂教学中的体现仍不明显

当前的课堂教学，大部分教师仍然扮演着"指挥者"的角色，控制整个课堂的运转。教师教给学生自己熟悉的知识经验，有利于教师掌控整个课堂，当学生针对所学知识给予反馈时，教师可以有效应对学生提出的疑问。但是，当学生提出的疑问过于深刻或偏离教学内容时，或是超出教师所教学科的范畴时，教师会因不了解而感到尴尬和不知所措，这种生成性的课堂与教师预设的课堂差距太大，使教师自我认同感难以提升。因此，相对开放的课堂来说，大部分教师仍然会选择采用完全控制或半控制的课堂状态来实施教学计划。殊不知这样的课堂，虽然可以使教师高效完成知识的传授，但忽略了

① 汪露. 核心素养视角下中小学课堂教学方式变革[J]. 教育现代化，2020(24)：39-41.

学生是学习主体的客观事实，不能充分发挥学生的主观能动性。

（3）教学中的问题和活动设计表面化、形式化明显

目前的课堂教学，教师处于主导地位，学生相对消极被动，一直跟着教师的安排和设计走，或听教师讲课，或回答教师围绕教学内容提出的问题，或参与到教师设计的教学活动中。在目前课堂教学过程中，大部分教师设计的探究活动的问题情境，有的过于浅显，有的又太难，没有梯度，这些都没有探究的价值；有的虽然有深度、有价值，但是由于学生掌握的资料和探究能力有限，整个活动也不能达到教师预设的目的。这样的探究不仅浪费宝贵的课堂时间，而且也不能起到提升学生探索问题能力的作用，同时还会影响课堂知识的容量和练习时间。另外，在学习过程中，学生受教师设定的任务所限，对教师所做的时间与空间安排，以及对资源的有效利用和活动的本质意义都有特别强的依赖性，学生无法根据自身能力进行积极主动的自主探究，自然也就无法将发现、猜想、质疑、反思融入学习的过程中，只会与社会实践相脱离。

第二节　课堂教学研究案例

课型设计研究案例

张　余

为了加强教学的规范性与科学性，回归课堂研究原点，通过研究课堂教学常法，优化课堂教学结构，使广大教师对中学数学课型有一个明确的认识，并形成规范的教学模式，现对中学数学课型体系进行了分类，如图1所示。

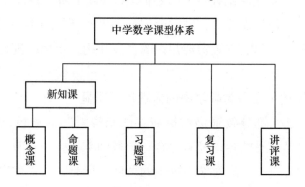

图1　中学数学课型体系分类

一、新知课

（一）概念课

1. 概念课的特征

数学概念是客观事物中数和形的本质属性的反应，是构建数学理论大厦的基石，是导出数学定理和数学法则的逻辑基础，是提高解题能力的前提，是数学的精髓灵魂。

由于数学概念高度凝结着数学家的思维，是数学认识事物的思想精华，是数学家智慧的结晶，蕴含了最丰富的创新教育素材。所以要重视数学概念的教学，不能以解题教学代替概念教学，而应关注概念的实际背景与形成过程，创设背景让学生经历分析、比较、推理从而概括出本质特征的过程。①

2. 概念课的教学基本结构

概念课的教学基本结构如图 2 所示。

图 2　概念课的教学基本结构

3. 概念课的教学中需要注意的问题

（1）注重概念的形成过程

数学家波利亚指出：教科书呈现在学生面前的大多是严格的系统的科学，它们直截了当地写出结果，隐去了发现的过程。然而数学概念既是数学思维的基础，又是数学思维的结果，所以概念教学不应简单给出定义，应当遵循认知规律，引导学生参与概念形成过程，暴露思维活动，领悟概念形成过程中的数学思想。

（2）注重"自然的"形成概念

数学概念、数学方法与数学思想的起源和发展都是自然的。如果有人感到某个概念不自然是强加于人的，那么只要想一下，它的背景，它的形成过程，它的应用，以及它与其他概念的联系，你就会发现它实际上是水到渠成的产物，不仅合情合理，甚至还很有人情味。概念课就应该使概念出得自然、水到渠成，即知识的逻辑顺序是自然的，同时，学生心理逻辑（思维过程）也需是自然的。

（3）重视数学思想方法的渗透

数学思想，是指现实世界的空间形式和数量关系反映到人们的意识之中，经过思维活动而产生的结果，数学思想方法就是数学的灵魂。应该把数学思想方法始终渗透到概念学习的每一个环节，如在"一元二次方程"的概念教学中，先让学生经历列方程建模、比较、归纳等过程，再类比已学的"一元一次方程"概念，进而得到"一元二次方程"的概念；在"数轴"和"平面直角坐标系"等概念的教学中，让学生体会"数形结合"的思想方法等。

（二）命题课（定理、公式课）

1. 命题课的特征

数学命题是指表达数学判断的陈述句或用数学符号连接数和表示数的句子的关系统称。

---

①　章建跃. 章建跃数学教育随想录［M］. 杭州：浙江教育出版社，2017.

数学中的公理、定理、公式、性质和法则等都是数学命题。由于数学命题是把概念联系起来，形成完整的数学学科的主干内容，因此，只有掌握好数学命题，才能通晓数学的体系结构，学好数学。有效的数学命题教学，有助于学生牢固掌握数学知识的结构，有助于数学思维的发展和解决问题能力的提高。因此，以学习数学公理、定理、公式、性质和法则等为主的课型我们称为新授中的命题课，它是数学课的又一重要基本课型。

数学命题教学的基本任务，是使学生认识命题的条件、结论，掌握数学命题的内容和表达形式，掌握命题的推理过程或证明方法，运用所学的数学命题进行计算、推理或论证，提高数学基本能力，解答实际问题。并在此基础上，熟悉基本的数学思想和数学方法，弄清数学命题间的关系，把学过的命题系统化，形成结构紧密的知识体系。

2. 命题课的教学基本结构

命题课的教学基本结构如图 3 所示。

图 3　命题课的教学基本结构

3. 命题课的教学中需要注意的问题

（1）注重引导学生经历命题的发现过程

每一个命题的发现、形成以至完善都曾经历过曲折而迂回的过程，但作为数学教材，只可能表现出经过逻辑加工的"完美无缺"的数学形式，只可能呈现出由概念、法则、公式、定理、例题、习题组成的规则系统。这种表现形式，一定程度隐去了公式、定理的发现过程，掩盖了数学发现与创造过程中丰富的思维活动。命题课的教学应创造性地重组和加工教学内容，创设有利于学生主动探索、主动发现的情境，引导学生揭开公式、定理发现过程的神秘面纱，丰富学生的思维活动，激发学生的探索与创新精神。①

（2）注重启发学生主动探索命题的推导与论证

数学学习活动不仅需要经历、体验和发现，更需要对研究对象进行严密的推理和论证，只有经过严格推证得出的结论，才能纳入严密的数学知识体系；另外，新公式、定理的推导与论证过程，就是在已有的知识基础上生成新知识的过程，这一过程中，学生知识体系中原有的概念、公式、定理被再次激活，并进一步得到深刻的理解。

（3）注重数学思想和方法的渗透

公式、定理固然是重要的基础知识，但隐藏在公式、定理这些表层知识背后的数学思想和方法更是数学的精髓。很多重要的数学思想方法在教材中没有专门的表述，但它

---

①　向利平．谈数学公式、定理的教学[J]．湖南教育（下旬刊），2010(3)：32-34.

们却大量隐含于公式、定理等表层知识的背后，贯穿于数学学习的全过程，因此，教师在教学过程中，应善于化隐为显、精心挖掘、适时提炼、恰如其分地渗透相关的数学思想和方法。

二、习题课

1. 习题课的特征

习题课是新知课之后，教师有目的、有计划地指导学生运用已学过的知识进行一系列基本训练的教学活动。数学习题具有教学功能，思想教育功能，发展功能和反馈功能。数学习题的练习可使学生加深对基本概念的理解，从而使概念完整化、具体化，牢固掌握所学知识系统，逐步形成完善合理的认知结构。它不仅能够有效地增强学生解决问题的能力，校正错误，锻炼思维、开阔思维、升华思维，还能提炼数学思想，提高学生学习数学的兴趣。

2. 习题课的教学基本结构

习题课的教学基本结构如图4所示。

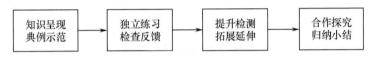

图4　习题课的教学基本结构

3. 习题课的教学中需要注意的问题

（1）注重更新习题教学观念

不能只关注精讲多练，还要注意习题的选择要有针对性、层次性和高效性。

（2）着力展现解题思维的全过程

注意对解题策略、思维方法、解题技巧等进行分类、归纳、评价。

（3）优化课堂教学方式

注重开展小组合作，培养学生审题能力、探索能力的同时还要注重表述能力。

（4）提炼数学思想

注入人文思想，渗透学科素养，提炼数学思想。

三、复习课

1. 复习课的特征

复习课是复习、巩固学生所学知识，并引导学生灵活运用所学知识的重要教学方式，更进一步来说，复习课教学还承担着学生思维启发的重要过程，其主要作用是帮助学生温故知新、查漏补缺，反思知识、技能，总结思想方法，提升综合能力等，以达到学生构建良好知识结构的目的。

2. 复习课的教学基本结构

复习课的教学基本结构如图5所示。

图 5 复习课的教学基本结构

3. 复习课的教学中需要注意的问题

（1）准确把握学生的学情，以学定教

一切教学活动的出发点和立足点都是基于促进学生的发展，为学生的发展有备而教。在复习课教学之前，要充分了解学生的原有经验、已掌握的概念、疑惑点及认知方式等。以学定教、以学施教，才能提高教学的有效性。准确把握学情使复习课教学更有针对性，教学时既要注意全班学生的薄弱环节，又要针对个别学生存在的问题进行复习，这样就会极大地提高数学复习课的教学效果。

（2）利用思维导图，构建知识结构

思维导图是表达发散性思维的有效图形思维工具。在初中数学复习课程中合理地应用思维导图，将所学内容中零散的知识点系统化，将较难理解的抽象问题直观化，从而有效提升初中生的理解能力，极大程度地提高学生数学复习的效果，调动学生数学创造性思维逻辑和散发性思维。运用思维导图能够将数学复习章节的知识点进行有序的组织和有效的总结，使学生能够更为深刻直观地掌握知识点，逐步建立符合自身学习的知识结构。

（3）提炼数学思想方法，增强运用意识

数学思想方法是数学思维的内核，它比具体的数学知识具有更大的抽象性和概括性，它是数学的灵魂。提炼概括数学思想方法，可加强学生运用数学思想方法的意识，让学生对运用数学知识解决问题的具体操作方式有更深刻的了解，有利于优化认知结构，活化所学知识，形成独立分析和解决问题的能力。[2]

四、讲评课

1. 讲评课的特征

讲评课是教师在学生书写习题、进行测验、定期考试后，对学生所答内容进行的讲解、指正、点拨等。讲评课是对旧有知识的再次吸收、再次学习、再次运用，能帮助学生巩固知识，提升能力。高效的讲评课有助于学生了解自己知识和技能现状，明确所存在的问题，除了知道如何改正还要明白为什么错，从而能有效地改正错误、查漏补缺，与此同时还能促使教师对教学进行反思，及时调整教学计划，提高教学效果。

2. 讲评课的教学基本结构

讲评课的教学基本结构如图 6 所示。

① 许月良. 农村初中数学教学模式的构建策略[J]. 湖南教育(C版), 2018(7): 24-29.

② 张思绘. 浅谈思维导图在初三数学复习中的运用[J]. 学周刊, 2018(26): 90-91.

图 6　讲评课的教学基本结构

3. 讲评课的教学中需要注意的问题

（1）注重思路的启发与讲解

讲评课中，除了正确答案的讲解，更重要的是思路的启发与讲解，让学生"知其然"更要"知其所以然"。

（2）重视教学内容的延伸与变形

讲解试题时不能只讲正确答案，要注重内容的延伸，注重一题多解，让学生展示自己的不同做法，从中寻求最优解。通过一题多解，激发学生兴趣，开阔学生思路，培养学生逻辑推理能力和想象力，进一步培养学生的数学能力，并在一题多解中寻求最优解或更适合自己的思维和知识结构特征。

同时，还要重视教学内容的变形，生成新问题即"一题多变"，每道试题按原题讲完之后，要善于将原题进行变化，对某一知识从多角度、多侧面和不同的起点进行提问。如可以对习题的提问方式和题型进行改变（改一改）；可以对习题所含的知识内容扩大使用范围（扩一扩）；可以从某一原题衍生出许多新题目（变一变）；也可把某一数据用其他数据代替（代一代）；还可以把习题题设结论倒过来（反一反）；更可以把几个题目组合在一起或把某一题目分解为几个小题（合一合，分一分）等。这种立足于基础，加深对相关概念、原理的理解的训练，也使学生感到别开生面，饶有兴趣，不仅调动了学生解题的积极性，还活跃了学生的思维，达到由例及类、以例启思、触类旁通的效果。[①]

（3）强调知识要点的总结与积累，及时巩固讲评效果

试卷讲评后，教师要鼓励学生将知识要点进行总结、分类积累。与此同时，数学试卷讲评课的结束，并不是试卷讲评的终结，教师应利用学生的思维惯性，有针对性地布置一定量的作业，进行巩固性练习。练习题的来源可以是中考试题，或其变式，还可以将教科书中的习题进行变式等。对试题进行多角度的改造，使旧题变新，有利于学生巩固知识，及时反馈教学成果。

分层教学设计研究案例——多项式乘以多项式

董学燕

一、指导思想与理论依据

《义务教育数学课程标准（2011 年版）》中提到数学课程应致力于实现义务教育阶

---

① 孙经. 高中数学试卷讲评课有效性探究[J]. 文理导航，2017(4):5,19.

段的培养目标，要面向全体学生，适应学生个性发展的需要，使得人人都能获得良好的数学教育，不同的人在数学上得到不同的发展。

新课改背景下的初中数学教学更注重学生的主体性，注重学生实际掌握情况与运用能力，让课堂真正面向每一个学生。而学生与学生之间在智力、兴趣、爱好、个性、特长，以及发展速度和最终发展水平等方面都存在着差异。承认差异、尊重差异，才是我们教育工作者的科学态度。分层教学，将因材施教落到实处，实现面向全体学生这一目的，有利于每个学生在各自的"最近发展区"得到充分发展。

二、教学背景分析

（一）教学内容分析

本课设计是北京版义务教育教科书《数学·七年级（下册）》第六章"整式的运算"中的第三节内容，属于《义务教育数学课程标准（2011年版）》中的"数与代数"领域，是基本且重要的代数初步知识。本章内容建立在已经学习完有理数运算、列简单的代数式、一次方程及不等式等知识的基础上。本课学习的"多项式与多项式相乘"是整式运算章节"整式的乘法运算"的主要内容，其为后续学习乘法公式、分式和根式的运算、函数等知识奠定了基础，在数学学习中具有重要的意义，同时也是学习物理、化学等其他科学技术不可缺的数学工具。基于对以上教学内容的地位和作用的分析，制订本节课的教学重点是多项式与多项式相乘的法则的应用。

（二）学生学情分析

学生个体"差异"主要体现在其对不同学科的兴趣、对不同老师的喜恶偏好、对不同事物的理解能力、个人的需求、记忆能力、行为习惯等多方面。在充分了解学生的情况下，可将班级学生大致划分为三个层次：

A层：基础知识较差，学习习惯和学习能力都欠佳，学习积极性不高，成绩不理想。这部分学生应以完成课标和教学计划所规定的最基本的要求为主，作业内容以最基础的知识和最基本的技能训练为主，课堂设计的问题要简单，能够激发他们学习的兴趣即可。

B层：基础和接受能力一般，学习比较自觉，有一定的上进心，成绩中等左右。针对这部分学生，教师重在激发其学习的积极性和主动性，提高他们的学习能力和思维能力，使其较好地完成课标和教学计划所规定的要求，作业内容主要以变式题或一般综合题为主，课堂设计的问题难度要适中，能够激起他们参与学习的乐趣即可。

C层：基础扎实，接受能力强，学习习惯好，成绩优秀。教师在完成课标和教学计划要求的基础上，要注意满足这部分学生的求知欲望，不断提高和发展其学习能力和抽象思维能力，作业题主要以综合面广、创新意识强的题目为主，课堂提问要有一定的挑战性，使他们敢于挑战，发展创新思维，注重综合素质的培养。

为了防止优生自满、差生自卑，尽量保护低层次学生的自尊心，此种分层，教师只需做到心中有数，不宜公布出来。

　　学生已经学习过幂的运算、单项式的乘法等知识，这些为学习多项式与多项式相乘做好了准备。同时，B、C 层的学生已经积累了一些活动经验，初步体会了"数形结合"和"归纳转化"的数学思想方法。另外，我校是密云区一所山区农村校，学习基础相对薄弱，学习习惯较差，但大部分学生有较高的学习热情和较强的动手能力，已初步具有合作探究的意识，具备一定的抽象概括能力和应用能力，因此乘法公式的运用对学生来说并不难。但是，学习代数法推导多项式与多项式相乘的法则时需要用到"整体思想"，而"整体思想"的运用会成为本节课学生学习的难点。

三、教学目标

（一）课程总体目标

　　能用单项式与多项式相乘的法则推导多项式与多项式相乘的法则，会利用图形面积解释法则的意义，并能运用法则正确进行整式的乘法计算；经历探索多项式与多项式相乘的法则的过程，培养学生观察、归纳、分析和解决问题的能力及计算能力，渗透数形结合、转化及整体代换的数学思想方法；通过探究、交流等数学活动激发学生的学习兴趣，获取成功的体验，增强应用数学的意识。

（二）分层目标

　　结合学生层次差异，在实际备课中，要根据课程标准，学习的内容，以及学生的实际情况，为不同层次的学生制订与之相应的教学目标，并围绕教学目标设计相应的教学活动来实现。

　　A 层：能运用多项式与多项式相乘的法则正确进行计算；通过观察、交流、归纳、推断等数学活动，感受数学思维的全过程的合理性。培养学生的计算能力；通过探究、交流等数学活动激发学生的学习兴趣，帮助其获取成功的体验，增强应用数学的意识。

　　B 层：能用单项式与多项式相乘的法则推导多项式与多项式相乘的法则，并能运用法则正确进行整式的乘法计算；经历探索多项式与多项式相乘的法则的过程，培养学生观察、归纳、分析和解决问题的能力及计算能力，渗透数形结合、转化及整体代换的数学思想方法；通过探究、交流等数学活动激发学生的学习兴趣，帮助其获取成功的体验，增强应用数学的意识。

　　C 层：能用单项式与多项式相乘的法则推导多项式与多项式相乘的法则，会利用图形面积解释法则的意义，并能运用法则正确进行整式的乘法计算；经历探索多项式与多项式相乘的法则的过程，培养学生观察、归纳、分析和解决问题的能力及计算能力，进一步体会数形结合、转化及整体代换的数学思想方法；通过探究、交流等数学活动激发学生的学习兴趣，帮助其获取成功的体验，增强应用数学的意识。

四、教学过程

（一）复习提问 导入新知

1. 口算练习

(1) $m(a + b + c)$　　　　　　　　(2) $(ab^2 - ab + a^2)a$

(3) $(3x^2y - xy) \cdot (-3xy)$　　　　(4) $(-2a^2b) \cdot (ab + a)$

2. 思考并回忆

上述运算属于哪种运算？法则是什么？

3. 思考

如果 $m(a + b + c)$ 中的 m 变成 $(m+n)$，便得到 $(m+n)(a+b+c)$，这是什么运算？

本节课的复习内容很明确，单项式乘以多项式。因此，首先让学生进行单项式乘以多项式的口算练习，再以题带点回忆单项式乘以多项式的法则，为后续研究多项式乘以多项式法则做好铺垫。由于是学过的基础知识，我尽量提问 A 层的学生，其他层次的学生进行补充和纠正，以激发 A 层的学生课堂的积极性与参与度。设计目的是引出本节课研究课题，帮助学生形成完整的知识结构，初步体会"整体思想"。

（二）自主探究 归纳法则

活动一：类比单项式乘以多项式乘法法则的研究方法，探究 $(m + n)(a + b + c)$ 的运算结果。

活动要求：认真审题，明确要求；独立思考，尝试解决问题；组内交流，确定探究方法。

活动二：展示本组探究方法。

将班里的学生分为七个组，每组 A 层学生一名、B 层学生两名、C 层学生一名。C 层学生为组长，四人合作编排座位，以便合作学习，相互讨论。

让学生独立完成，教师巡视的过程中关注 A 层的学生并发现学生做题过程中的问题。待各组完成讲解，找 B 层的学生讲解用单项式乘以多项式的乘法法则推导多项式乘以多项式的法则，找 C 层的学生讲解用图形面积推导多项式乘以多项式的法则，A 层的学生感受数学思维的全过程的合理性。在学生讲题时，其他同学聆听、质疑或补充。教师及时给予评价，鼓励学生，激发他们课堂参与的主动性。

活动三：归纳概括多项式乘以多项式法则。

教师引导学生对运算的结果进行分析，找 B 层的学生用文字语言概括多项式乘以多项式乘法法则，C 层学生矫正 B 层学生的语言，最终用学生的话引出法则。在学生归纳法则的过程中，教师结合学生讨论的情况，播放法则的形成动画，并在此过程中进行启发讲解，让学生明白两个"每一项"的含义，帮助学生养成有条理的思考问题的习惯。

例 1　计算。

(1) $(x + 3y)(5x + 6y)$　　(2) $(3a - b)(3a + b + 5)$　　(3) $(2x - 1)(x^2 - x - 1)$

教学中让学生积极思考，大胆发言，教师根据三名 B 层学生的发言进行板书，并及时对学生的解法进行评价；结合例题讲解，小组讨论多项式乘以多项式的解题步骤；由 B 层同学总结，C 层同学补充。激发学生学习数学兴趣，克服畏难情绪，树立学科自信。

例 2　计算。

(1) $(x + 1)(x + 4)$　　　　　　(2) $(m - 2)(m + 3)$

(3) $(y - 5)(y - 3)$　　　　　　(4) $(x + a)(x + b)$

学生自己尝试解题，请三名 A 层学生在黑板上演示；紧扣法则，师生共同纠错，规范板书；然后，教师将学生的注意力引导至积中各项与每个因式的各项的关系上，由 A 层学生归纳结论，B 层学生补充。侧重学生自主探究、思维的拓展。

进一步分层教学，接下来给出的习题，让学生对本节课所学知识进行巩固、提高和延伸，培养学生应用知识的能力。A 层学生可以完成一问，B 层学生基本过关，C 层学生全部过关。鼓励学生主动展示，优先选择 A 层和 B 层的学生展示，并及时鼓励。

(三) 新知应用 巩固练习

例 1　计算。

(1) $(x + 2)(x + 5)$　　　　　　(2) $(a - 4)(a + 3)$

(3) $(2y - 3)(3y - 7)$　　　　　(4) $(x - 3y)(x - 6y - 1)$

例 2　在下列式子中选择一个与图形相匹配的式子，并说明你选择的理由。

(1) $(a + 2b)(c + d)$　　　　　　(2) $(a + b)(2c + d)$

(3) $(2a + b)(c + d)$　　　　　　(4) $(a + b + a)(d + 2c)$

例 3　试画出一个几何图形，利用它的面积直观解释下列乘法公式。

$$(a + b)^2 = a^2 + 2ab + b^2$$

(四) 畅谈收获 回顾反思

本节课你学到了哪些知识？在探究和应用的过程中，你学到了哪些解决问题的方法？你认为还有哪些需要注意的问题？不同层次的学生谈自己本节课的收获。

分开层次，承认差距，拓宽更广阔的发展空间，这是为广大学生提供了更好的机遇，更多的机会。分层教学中要鼓励成功，容忍失败，并帮助学习困难的学生。分层不是目的，而是为便于因材施教，以达到最佳的教学效果。

(五) 分层作业

根据课程标准，教学内容和学生的实际情况，分层设计作业。基础题，巩固基本知识，全班同学必做；提高题，在基础题基础上对知识横纵两个方面延伸，选取一些经典的考试真题、模拟题，帮助学生形成解题思路，掌握解题方法，这组题为 B、C 层学生准备。

基础题：

(1) $(3x - 1)(x + 5)$　　　　　　(2) $(3x + 4)(4x - 9)$

(3) $(5a - 6b)(3a - 2b)$　　　　　(4) $(\frac{1}{2}x - 4)(2y - \frac{1}{4})$

提高题:

试画出一个几何图形, 利用它的面积直观解释乘法公式: $(a + b)^2 - (a - b)^2 = 4ab$。

这两组题难度逐渐增大, 设置作业梯度, 为学生提供递进学习的机会。不是每个层次的学生只做本层次的题目, 而是鼓励学生尝试更高层次的题目, 自觉自主地争取递进, 从中体会成功的喜悦。

五、教学设计反思

1. 教学内容弹性设计, 注重因材施教

教学内容设计层层递进, 由浅入深, 环环相扣, 使学生亲身经历知识的发生、发展、解决的过程, 培养学生运用已有的知识经验解决新知的能力和意识。同时, 关注学生群体差异, 尊重学生个体差异, 满足多样化的学习需要, 使得本课设置的问题既能促进所有学生参与, 又具有一定的拓展、探索的余地和广阔的思维空间, 使不同层次的学生获得不同的体验。

2. 教学形式突出活动, 注重落实方法技能

本节课采用"探究式"与"启发式"相结合的教学方法, 给学生提供充分的探索与交流的空间和时间, 使对"多项式乘以多项式乘法法则"的探索在一系列"自主探究、合作交流、成果展示、质疑反思"的活动中完成。学生在整个学习过程中不仅可以获得新知, 体会知识间的整体联系, 还能提升学习能力。

3. 教学方法问题引领, 开阔学生数学思维

本课教学以学生自主学习为主, 通过问题设计引发学生思考, 使学生大胆尝试选择不同的探究方法进一步验证多项式乘法法则, 开阔了学生的数学思维, 充分体现了教师作为组织者、引导者、合作者的作用。同时落实重点、突破难点, 给学生提供一个实现自我价值的舞台。

单元教学设计案例——18.5　相似三角形的判定

赵　月

与单一课时教学设计相比, 单元教学设计有以下优点。

首先, 单元教学设计有助于实现知识的整合。以主题为核心进行单元教学设计, 关注学科内的知识整合, 依据某一概念使学科内的知识形成一个相互关联的整体, 注重学科大概念的理解和运用, 而非单纯实施性知识的掌握。单元教学的设计体现了不同课时教学内容之间的内在逻辑关系, 能够在本单元所要教授的知识中梳理出一条清晰的逻辑主线，明确单元知识所承载的思维特征与研究问题的方法。

其次，学科间的横向整合。对某一主题的知识需要进行多学科的融合，一方面可以帮助学生从不同的视角理解主题，另一方面有助于强化知识间的关联性，打破学科间的界限。

再次，以单元为基础连接个人生活、学校生活和社会生活。教育的目标不仅仅是为了让学生在学校中表现出色，而是为了帮助他们走出校园后可以生活得更好。因此，教学不能只考虑知识技能方面的学业成就，更要关心学生在实际生活中分析问题、解决问题的能力。单元教学是依靠情境展开的，在情境中存在真实性问题，这些问题关乎学生的自我选择和社会判断，需要学生综合运用自己所学的知识去理解问题、批判性地思考问题和创造性地解决问题。

最后，单元教学要实现共性与个性的统一，满足个体的发展需求。每个学生都是具有独特意义的个体，学生个体在发展能力、兴趣等方面存在差异性，因此在共同的学习环境和活动中，必须关注学生的个体差异，发挥学生的特长，展示学生的个性。单元教学为学生的个性发展提供了充足的时间和弹性的内容。[①]以下是我所做的单元教学设计。

一、单元教学设计说明

相似三角形在整个初中数学的学习中起着承上启下的作用，学生在前面已经学过了图形全等的定义和全等三角形的有关知识，也研究了平移、轴对称、旋转等几种图形的变换。全等是图形间的一种关系，相似也是图形间的一种相互关系，而全等是相似的一种特殊情况。从这个意义上来讲，研究相似比研究全等更具有一般性。相似作为图形的一种变换，它是全等变换的拓宽和发展，也是学习锐角三角函数、投影与视图的基础。此外，相似还被广泛应用于现实生活中（如建筑设计、测量、绘图等方面）。而相似三角形的判定这一单元也是相似三角形这一章的重点和难点之一。利用本单元所学知识，能够进一步发展学生的探究能力，培养学生的逻辑思维能力，巩固和提高学生的逻辑推理和证明的能力。

建构主义提倡在教师指导下的、以学习者为中心的学习。教师是建构的帮助者、促进者，而不是知识的传授者与灌输者。本单元主要包括3个课时：预备定理的证明、三个判定定理的探究及判定定理的初步应用。本单元的教学内容都是基于学生已有的经验进行设计的，教师通过对教材内容进行适当重组，帮助学生建立知识间的内在逻辑关系，形成整体认识。

第1课时，探究相似三角形判定预备定理为后续两节课的学习提供知识基础；第2课时，学生由全等三角形的判定定理类比猜想出相似三角形的判定定理，在探究判定定理的过程中，通过添加辅助线构造出预备定理的基本图形；第3课时，通过选择判定方

---

① 李磊，安桂清：以单元为单位进行整体教学设计[J]．人民教育，2019（1）：52-55.

法解决具体问题的数学活动，提高学生的数学应用意识，发展逻辑推理能力。

本单元的设计把以学生为中心的理念贯穿始终。苏联教育家苏霍姆林斯基曾说过："人的心灵深处，总有一种把自己当作发现者、研究者、探索者的固有需要。"让学生自主地学习不仅是实施素质教育、培养创造型人才的需要，也是提高学科教学质量、全面完成教学任务的必由之路。因此，在本单元的设计中力求使学生真正成为"学习的主人"。在每一节课（每节课为1课时）中都给学生个人展示和小组合作的机会，尤其是在第二节课中充分让学生去经历三个判定定理的发现、实验、探究和证明过程，让他们真正地去做知识的发现者、研究者、探索者。

本单元的设计注重直观操作和逻辑推理的有机结合。通过多种手段，如观察度量、实验操作、图形变换、逻辑推理等来探索相似三角形的判定定理。在学生通过观察、操作探究出判定定理后，还要求学生能对发现的判定定理进行证明，将直观操作和逻辑推理有机地整合在一起，使推理论证成为学生观察、实验、探究得出结论的自然延续。结合相似图形判定方法的探索和证明，进一步培养学生的合情推理能力，发展学生的逻辑思维能力和推理论证的表达能力。通过这一单元的教学，进一步培养学生综合运用知识的能力，运用学过的知识解决问题的能力。

本单元的设计注重数学思想方法的渗透。

1. 类比思想

学生学习相似的知识，是在前面学习全等知识的基础上的发展。从全等到相似，是一个从特殊到一般的过程，也是学生认识上的一个飞跃。在设计时，我充分利用学生在前面学到的有关知识，以及研究问题的方法，注意加强相似和全等之间的区别和联系，加强类比和对比，把相似和全等的有关问题对照讲解。研究相似三角形的判定的问题时，和研究全等三角形的问题进行类比：判定两个三角形全等，不一定要六个条件一一验证，有简便方法（ASA，SAS，SSS，AAS）。类似的，研究两个三角形相似时，也不是要对所有的对应角和对应边一一验证，也有简单方法。在教学时，充分注意这些新旧知识联系的内容，注意从学生学习的规律出发，加强新旧知识的联系，发挥知识的迁移作用，这样有助于学生对于新知识的理解。

2. 转化思想

解决问题的过程中，经常将新的问题转化为已经解决的问题，将陌生的问题转化为熟悉的问题。如在证明相似三角形的判定定理时，通过作全等三角形，把要证明的问题的图形转化相似三角形判定预备定理的基本图形，从而把问题从未知转化为已知，从复杂转化为简单。

3. 分类讨论思想

在第二节课探究并证明完三条判定定理之后，巩固练习的设计体现了分类讨论思想。

　　本单元的设计注重学生对基本图形的识别。在本单元的每一节课中都让学生认识和探究基本图形的性质，为今后做综合题时学生能从复杂的图形中识别出相似三角形，建立相似的基本图形库打基础。研究几何图形的基本问题、基本思路和方法，完善几何知识的逻辑体系，提升学生推理能力。本单元中的第三节课，从变化的角度让学生认识了相似的基本图形，并且让学生运用本单元所学新知识再次研究了学生所熟悉的"双垂直图"。使学生识别构造基本图形，建立几何直观，提高逻辑推理能力。

　　本单元的设计注重信息技术的合理应用。在每一节课中充分运用多媒体信息技术，除了使用 PPT，还运用实物展台让学生来展示自己的作品。在第二节课中，利用几何画板让图形动起来，并且利用测量和计算功能，在图形的运动变化的过程中去发现其中不变的数量关系，便于学生对定理的探究。

二、单元学习目标与重点难点

　　单元学习目标：知道预备定理和三个判定定理的证明思路，会用判定定理解决与相似三角形有关的简单问题；经历相似三角形判定方法的探究及初步应用过程，发展几何直观和逻辑推理能力，感受类比、转化、分类讨论的数学思想，感受数学的严谨性。

　　重点：相似三角形判定定理的探究及应用。

　　难点：相似三角形判定定理的探究。

三、单元整体教学思路（教学结构图）

　　本单元包括 3 个课时，以预备定理为基础，展开对三个判定定理的探究，进而进行定理的简单应用。前两课时，学生在教师的引导下完成对判定定理的探究；第 3 课时通过学生独立思考、合作交流等方式，使学生熟悉定理的应用。

　　单元整体教学结构图如图 1 所示。

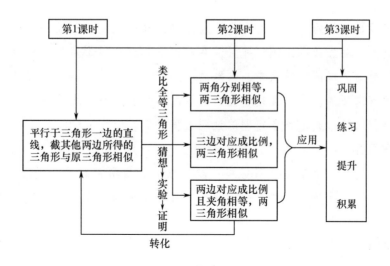

图 1　单元整体教学结构图

第1课时　18.5 相似三角形的判定（1）教学设计

一、教学内容分析

本节课是这个单元的第一节课。在前面，学生已经学习了平行线截三角形两边成比例定理和相似三角形定义。在下一节课中，相似三角形三个判定定理的证明都要转化成本节课所学定理的基本形。所以，本节课是承上启下的一节课。在这一节课中既要学习除定义之外的第一个相似三角形的判定方法，又要为下一节课定理的探究与证明做准备工作。第1课时教学结构图见图2。

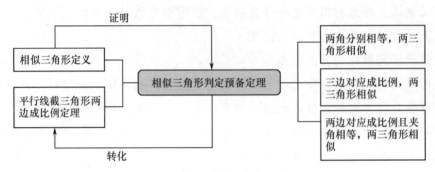

图2　第1课时教学结构图

二、学情分析

我所任教的班级的学生对数学有比较浓厚的兴趣，但对其中的几何学习有着很强的畏难情绪，希望老师能够多从分析问题的一般思路上给予学法指导。为此，教师通过从几何直观、推理论证两方面的加强，从综合法与分析法两种方法上的深入体验，促进学生逻辑推理能力的发展。

在本节课之前，学生已经学习了平行线截三角形两边成比例定理和相似三角形定义。能够由平行得到三角形两边对应线段成比例，知道判定两三角形相似需要验证三组对应角相等、三条对应边成比例。并且，在前面用相似三角形定义来判定两三角形相似时，学生表示需要验证的条件太多、太麻烦，一直想找到简单的判定方法。这节课相似三角形判定预备定理的提出，正是学生所需要的。学生在具有之前的知识储备和学习经验后，对于相似三角形判定预备定理的证明难度降低。

三、教学目标

知道相似三角形判定定理证明思路，能用相似三角形判定预备定理解决相关问题；经历相似三角形判定预备定理的证明过程，发展学生逻辑推理能力，感悟转化思想；认识到数学的应用价值。

四、教学重点难点

重点：相似三角形判定预备定理的证明及应用。

难点：相似三角形判定预备定理的证明。

五、教学评价设计

教学评价设计见表1。

表1　教学评价设计

评价维度		级别及标准			评价结果
		A	B	C	
知识获得	数学原理的使用	能全部正确使用	正确率达60%	正确率不足60%	
能力提升	逻辑推理	能全部推导正确	正确率达60%	正确率不足60%	
	数学运算	计算结果均正确	正确率达60%	正确率不足60%	
	数学建模	能列对方程解题	正确率达60%	正确率不足60%	
学习态度		能尝试主动解决自己遇到的问题，必要时寻求教师或同学的帮助	能按照教师要求认真听讲，对不会的问题不能主动尝试解决	需要在教师帮助下保持听讲状态	
学习方法		能合理选择多种方法解决问题	能用某种方法解决问题	能机械地模仿某个问题的解题方法	
思维发展		能说出相似知识在解决数学问题中的价值	能说出本节课所学的主要内容和方法	能通过模仿解决简单问题，但不能说出知识的价值	

六、教学活动设计

1. 温故知新

1）教师活动

组织学生回顾旧知识。

2）学生活动

回顾平行线分三角形两边成比例定理、相似三角形定义。

3）活动意图说明

温习旧知，为新知探究做出铺垫。

2. 新知探索

1）教师活动

例1　如图3所示，在△ABC中，已知DE∥BC，分别交AB、AC于点D、E。△ADE与△ABC相似吗？为什么？

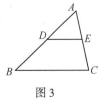

图3

（1）提出问题，组织学生思考

①△ADE与△ABC满足对应角相等吗？为什么？

②△ADE与△ABC满足对应边成比例吗？由"DE∥BC"的条件可得到哪些线段的比相等？

③要证明两个三角形相似，还需要证明什么？

④有哪些方法可以证明两个比式相等？

（2）归纳总结

相似三角形判定预备定理：平行于三角形一边的直线，截其他两边所得的三角形与原三角形相似。

2）学生活动

①小组讨论，证明 $\triangle ADE \backsim \triangle ABC$。

②投影展示证明过程。

③归纳总结定理符号语言：

因为 $DE /\!/ BC$

所以 $\triangle ADE \backsim \triangle ABC$

3）活动意图说明

本环节是在学生已有的认知基础上，通过教师引导，帮助学生将新的问题进行分解，转化成熟悉的平行线分线段成比例定理和等比代换。积累学生添加辅助线的经验，激发学生的学习兴趣。小组讨论培养学生的合作意识，投影展示锻炼了学生的表达能力。

3. 新知应用

1）教师活动

例2　如图4所示，在 $\triangle ABC$ 中，$DG /\!/ EH /\!/ FI /\!/ BC$，

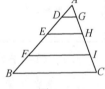

图4

①请找出图中所有的相似三角形；

②如果 $AD=1$，$DB=3$，那么 $DG:BC=$ _____。

例3　如图5所示，在 $\triangle ABC$ 中，已知 $DE /\!/ BC$，$DE=4$，$BC=6$，$AE=3$。

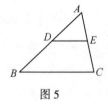

①求 $\dfrac{AD}{AB}$ 值；

②求 AC 的长。

图5

教师呈现问题，引导学生归纳图形中求线段比的常用方法："见比式，想相似，找平行。"

2）学生活动

①独立思考，利用相似三角形判定预备定理解决例2①中问题；

②类比等式、全等的传递性，得到相似的传递性；

③利用相似三角形判定预备定理求线段长和对应边的比值。

3）活动意图说明

通过例题的学习，提高学生应用数学知识解决问题和逻辑推理的能力，丰富学生求

线段长的解题经验。

4. 巩固练习

1）教师活动

例 4　如图 6 所示，在 $\triangle ABC$ 中，$DF /\!/ BC$，$AC = 10$，$DF = 4$，$\dfrac{AD}{BD} = \dfrac{3}{2}$，求 BC 和 AF 的长。

教师巡视，指导基础薄弱生如何识别相似三角形和利用"相似三角形对应边成比例"构造方程。根据学生黑板演示的情况和巡视中发现的学生存在的普遍问题进行讲解。

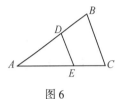

图 6

2）学生活动

①独立思考。

②一位学生在黑板上演示，其他同学在学案上完成题目的解答。

③在老师讲解后，学生根据板书改正自己的答案。

3）活动意图说明

巩固本节课所学知识，了解学生掌握情况。通过对基础薄弱生个别指导，提高其学习积极性。解决基础薄弱生在知识上、学习数学的方法上、活动经验上的个性化问题。

5. 课堂小结

1）教师活动

引导学生从知识内容、解决问题的思想方法、数学活动经验等角度进行归纳。

2）学生活动

学生总结，互相补充完善。

3）活动意图说明

学生的总结使学生对本节课所学的知识、技能、思想方法、解题经验有一个归纳和梳理，教师对学生的总结进行补充，并且提出新的思考，为下节课的教学内容留下伏笔，引发学生课后的思考，激发学生对下节课学习的兴趣。

6. 课堂检测

1）检测内容

例 5　如图 7 所示，在 $\triangle ABC$ 中，已知 $AC = 8$，$BC = 6$，$EC = 5$，且 $DE /\!/ BC$，求 DE 的长。

2）活动意图说明

了解学生应用预备定理解决简单数学问题的掌握情况，为分层指导提供实证依据。

图 7

7. 作业与拓展学习设计

1）基础作业

例 6 如图 8 所示，在 △ABC 中，已知点 D、E 分别在 AB、AC 上，DE//BC，下列结论不正确的是（　　）。

A. $\dfrac{AD}{DB}=\dfrac{AE}{EC}$　　　B. $\dfrac{AD}{DB}=\dfrac{DE}{BC}$　　　C. $\dfrac{DE}{BC}=\dfrac{AE}{AC}$　　　D. △ADE∽△ABC

例 7 如图 9 所示，在 △ABC 中，已知 AC = 8，BC = 6，EC = 5，且 DE//BC，求 DE 的长。

2）提升作业

例 8 如图 10 所示，在 △ABC 中，AD 是 ∠BAC 的平分线，DE//AB 交 AC 于点 E，AB = 15，AC = 10，求 DE 的长。

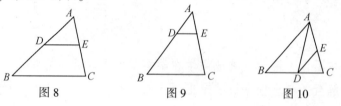

图 8　　　　　　　图 9　　　　　　　图 10

七、教学反思与改进措施

在本节课的教学过程中，有优点也有不足，教学反思与改进措施如下。

1. 优点

①基于学情，开展教学活动，给予学生较多的展示机会，并且让学生有不同的展示方式（口答、投影展示、板书展示）。

②教师小结时为学生留下思考问题，以此为下节课的内容留下伏笔。

2. 不足

①在让学生独立证明定理之前缺少对问题的分析，使得部分学困生在解决问题时遇到较多困难。

②本节课教师的语言不够精练，讲解比较多。

3. 改进措施

①在让学生独立完成定理证明之前，应先由教师进行引导，师生共同分析定理的证明方向，从而减弱学生证明定理的困难。

②把一个问题改成一串问题，让学生在清晰的任务驱动下去完成独立思考或者小组活动。

③教师少说多倾听，引导学生去质疑、纠错。

第 2 课时　18.5 相似三角形的判定（2）教学设计

一、教学内容分析

本节课是在前面学习了相似三角形判定预备定理之后，对相似三角形判定方法的继续探究。在这一节课中，学生类比全等三角形判定方法猜想相似三角形的判定定理。在证明定理时，学生将问题通过添加辅助线的方法转化为上节课所学的相似三角形判定预备定理的基本形。在本节课中，既要巩固上节课所学的相似三角形判定预备定理，又要得到三个新的相似三角形判定定理，为下一节课解决问题提供了解题方法和依据。定理的证明提高了学生逻辑推理的能力，类比、转化、分类讨论等数学思想提高了学生解决问题的综合能力。第2课时教学结构图见图11。

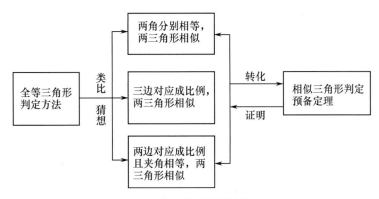

图 11 第 2 课时教学结构图

二、学情分析

我所任教班级学生对数学有比较浓厚的兴趣，但对其中的几何学习却有着很强的畏难情绪，希望老师能够多从分析问题的一般思路上给予学法指导。为此，教师通过从几何直观、推理论证两方面的加强，从综合法与分析法两种方法上深入体验，促进学生逻辑推理能力的发展。

在本节课之前，学生已经学习了全等三角形的判定、相似的定义和相似判定预备定理，感受过类比、转化、分类讨论等数学思想。但相似三角形的判定定理的证明涉及要构造一个全等的三角形作为中间步骤，再应用前面的定理进行证明，学生不太习惯。同时，由原变换保距、保角，到保角、不保距，视觉上相等关系不明显，因此学生的思考分析难度增大，在定理的证明时学生可能会遇到困难。为此，教师要先与学生共同合作证明出"两角分别相等，两三角形相似"，总结出解决问题的主要思路。后面两个定理的证明采取小组合作探究的形式，让学生更多地参与到定理证明的探究中来。

三、教学目标

①知道相似三角形三个判定定理的证明过程，能用定理解决简单的相似三角形问题；

②经历相似三角形判定定理的证明，感受类比、转化的思想方法，发展学生逻辑推理能力；

③培养学生积极探索的精神和合作意识。

四、教学重点难点

重点：相似三角形判定定理的证明。

难点：通过添加辅助线转化成相似三角形判定预备定理。

五、教学活动设计

1. 类比猜想

1) 教师活动

引出问题，让学生进行类比猜想。

①学习全等三角形时，除了可以通过对所有对应角和对应边一一验证之外，你还有什么方法判定两个三角形全等呢？

②类似地，判定两个三角形相似时，是不是也存在简便的判定方法呢？

2) 学生活动

类比全等三角形的判定，猜想相似三角形的判定方法。

3) 活动意图说明

本环节是在学生现有的认知和知识基础上，类比于全等三角形的判定，让学生大胆提出猜想。通过类比，把学生不熟悉的问题转化为熟悉的问题，激发学生的学习兴趣，培养学生的独立思考能力。

2. 实践探究

1) 教师活动

①组织学生以小组为单位完成实践探究活动。

②利用几何画板改变两个三角形边的大小，而不改变它们角的大小，让学生动态地观察对应边的比例关系。

③引导学生找到判定定理证明中辅助线添加的方法，点明思路，给出定理证明的过程。

④师生共同总结归纳出定理的三种语言表达形式。

2) 学生活动

（1）实践

利用刻度尺和量角器画 $\triangle ABC$ 和 $\triangle A'B'C'$，使得 $\angle A = \angle A'$，$\angle B = \angle B'$。

（2）探究

①这时两个三角形的第三个角满足 $\angle C = \angle C'$ 吗？

②观察猜想：$\triangle ABC$ 和 $\triangle A'B'C'$ 相似吗？

③经过自己的独立思考和教师的引导，得到定理的证明方法。

④总结归纳定理证明的思路。

3) 活动意图说明

在这个环节中，让学生经历数学活动，产生直观的共鸣。通过实验和观察，对于"两角分别相等，两三角形相似"这个判定定理，让学生体会由直觉的类比、猜想到科学判断的过程，从而引发学生后面数学推理的方向和兴趣。在体验当中，反复强化定理条件，让学生反思和积累，从而产生学习经验，帮助学生积累和类化处理问题的策略和方法。在定理的证明过程中，引导学生将新的问题转化成已知的基本图形，利用相似三角形判定预备定理证明前面的猜想。

3. 合作探究

1）教师活动

①分配每个小组的验证内容。

②组织学生小组活动。

③师生共同总结相似三角形的三个判定定理。

2）学生活动

①以小组为单位，每个小组验证一个猜想。

②讲解证明思路，展示证明过程。

3）活动意图说明

前面在教师的引导下，学生验证了"两角分别相等，两三角形相似"这个判定定理。在这个环节中，学生以小组为单位仿照前面的定理证明过程，对其余的猜想进行合作探究，让学生既感受到知识之间的联系和转化，也体验了合作的快乐。

4. 巩固练习

1）教师活动

例 9　如图 12 所示，在△ABC 中，D 是 AC 上的一点，E 是 AB 上一点，添加合适的条件使△ABC 和△ADE 相似。

教师呈现问题，组织学生独立思考，引导学生尝试分类研究。

2）学生活动

①独立思考。

②投影展示。

③相互质疑、补充。

图 12

3）活动意图说明

本环节是学生对本节课所学判定定理的简单应用。学生通过添加不同的条件，选择相应的判定定理。从而，帮助学生加深对不同判定定理条件的理解和记忆。在解决问题的过程中，让学生感受分类讨论的数学思想。

5. 作业与拓展学习设计

1）基础作业

例 10　图 13 中的两个三角形△ADC 和△ACB，满足∠ADC = ∠ACB，图中有相似三角形吗？如果有请指出来，并说明理由。

图 13

例 11　如图 14 所示，在△ABC 中，点 D、E 分别是边 AB、AC 上的点，且 $\dfrac{AD}{AB} = \dfrac{AE}{AC}$。

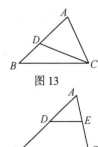

图 14

求证：$\triangle ADE \backsim \triangle ABC$。

证明：因为 $\dfrac{AD}{AB} = \dfrac{AE}{AC}$，$\angle$_____ $= \angle$_____，

所以 $\triangle ADE \backsim \triangle ABC$（　　　　　　　　　　　　　）。

2）提升作业

例 12　要做两个形状相同的三角形框架，其中一个三角形框架的三边长分别是 4 cm、5 cm、6 cm，另一个三角形框架的一边长为 2 cm，怎样选料可以使这两个三角形相似？

六、教学反思与改进措施

在本节课的教学过程中，有优点也有不足，教学反思和改进措施如下。

1. 优点

①根据上节课反思，这节课教师的语言比上一节课较为精练，更多地让学生去表达和展示。

②利用类比的方法，让学生猜想相似三角形的判定定理。教师用符合学生的思维模式进行引导，使学生能比较顺利地猜想到相似三角形的三个判定定理。

③在探究定理的过程中，让学生从自己动手画、直观地去观察猜想，到教师使用几何画板、使用数据验证猜想，最后到运用逻辑推理证明猜想，学生一直感受和参与定理的猜想、探究、证明。学生真正地成为知识的发现者、研究者、探索者。

2. 不足

①在学生猜想"两个角分别相等，两三角形相似"时，教师没有追问"你是由全等三角形的哪个判定定理猜想到这个定理的？"

②学生以小组为单位进行后两个定理的证明时，学生单纯地模仿第一个定理的证明过程，不能够根据具体条件进行适当变形，证明过程遇到困难。

③小组活动时，很多学生没有积极地参与到小组的讨论当中。

3. 改进措施

①教师备课时要认真分析学情，对于学生课堂上可能出现在问题做出多种预设。

②教师在学生出现问题时应及时给予指导。

③在今后的教学中更多地组织小组合作、小组讨论，让学生善于合作，敢于讨论。

第 3 课时　18.5 相似三角形的判定（3）教学设计

一、教学内容分析

本节课是学生在推导相似三角形判定方法之后的新授课，是学生解决与相似有关的复杂数学问题、实际问题的基础，通过在具体数学情境中分析条件、联想判定方法进行问题解决，发展学生的逻辑推理能力，感悟数学的理性精神。第 3 课时教学结构图如图

15 所示。

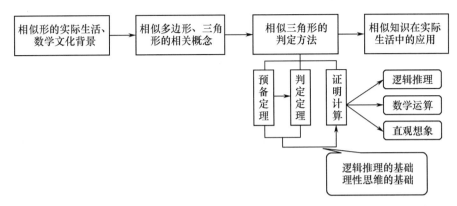

图 15　第 3 课时教学结构图

二、学情分析

学生通过学习全等三角形中的证明计算、直角三角形中的证明计算、特殊平行四边形中的证明计算已经具备以下学习经验：借助几何直观、直觉思维或测量等方式探索思路、发现数学结论，通过严格推理论证证明数学结论，知道通过寻找等量关系构建方程求线段长度的基本方法。学生通过前面的学习，知道证明相似三角形的判定方法，能够根据条件联想相关判定方法。

学生的逻辑推理能力相对薄弱，具体表现在学生不能从相对复杂的几何图形中分离出基本图形，也很难构建起条件和结论之间的桥梁。

我所任教班级学生对数学有比较浓厚的兴趣，但对其中的几何学习有着很强的畏难情绪，希望老师能够多从分析问题的一般思路上给予学习方法的指导。为此，教师通过从几何直观、推理论证两方面的加强，从综合法与分析法两种方法上深入体验，促进学生逻辑推理能力的发展。

本节课学生在"双垂直"三角形的计算中可能会存在不能主动构建已知条件与所求线段长的关系，产生盲目推理的现象。为此，教师通过分析法与综合法相结合的方式引导学生构建联系，探索解决问题的思路。

三、教学目标确定

能根据具体条件正确选择相似三角形判定方法进行推理计算，会求"双垂直"三角形中的有关线段长；通过相似三角形中的证明、计算等问题的解决过程，发展学生的逻辑推理能力、数学运算能力、数学建模能力，体验方程思想；通过对"双垂直"三角形中线段长度求法的探究，培养学生积极探索精神。

四、教学重点难点

重点：应用相似关系解决简单的证明计算问题。

难点：观察条件和结论确定要研究的相似三角形。

五、教学活动设计

1. 知识梳理

1）教师活动

例 13　如图 16 所示，△ABC 中，点 D、E 分别在边 AB、AC 上，DE∥BC，$\dfrac{AD}{AB}=\dfrac{1}{3}$，

则 $\dfrac{DE}{BC}=$_____。

例 14　如图 17 所示，点 C、D 分别在△ABO 的边 BO、AO 的延长线上，AB∥CD，OD = 2OA，则 $\dfrac{AB}{CD}=$_____。

例 15　如图 18 所示，AC、BD 相交于点 O，连接 AB、CD。$\dfrac{AO}{OC}=\dfrac{OB}{OD}$，则 $\dfrac{AB}{CD}=$_____。

例 16　如图 19 所示，△ABC 中，点 D、E 分别在边 AB、AC 上，$\dfrac{AD}{AB}=\dfrac{AE}{AC}=\dfrac{DE}{BC}$，求证：DE∥BC。

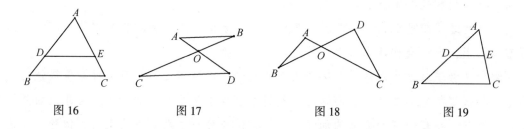

图 16　　　　　图 17　　　　　图 18　　　　　图 19

教师呈现问题，观察学生选择相似三角形判定方法解决问题的实际情况，对学困生给予个别指导。

2）学生活动

①独立思考，根据条件选择判定方法。

②学生投影展示，讲解分析。

③其他同学质疑、补充。

3）活动意图说明

帮助学生构建问题与相似三角形判定方法之间的关联，认识到相似的知识在求线段长或证明位置关系中的作用。教师基于学生暴露的问题进行针对性指导，体现教师指导的有效性。学生在独立思考的基础上进行交流，发展学生独立思考能力和合作精神。通过本环节的教学重点促进"能根据具体条件正确选择相似三角形判定方法进行推理计算"目标的达成。

2. "双垂直"三角形中的相似关系分析

1）教师活动

例 17　如图 20 所示，$\angle AED = \angle ABC$，求证：$AB \cdot AD = AE \cdot AC$。

变式 1：如图 21 所示，$\angle AED = \angle ABC$，求证：$AB \cdot AD = AE \cdot AC$。

变式 2：如图 22 所示，$\angle AED = \angle ABC$，求证：$AB \cdot AD = AE \cdot AC$。

例 18　如图 23 所示，Rt$\triangle ABC$ 中，$\angle C = 90°$，$CD \perp AB$ 于 D，图中有几个直角三角形？它们相似吗？

教师引导学生从变化的角度认识相似的基本图形，引导学生运用本单元所学新知识再次研究熟悉的"双垂直"图，帮助使学生识别构造基本图形，建立几何直观，提高逻辑推理能力。

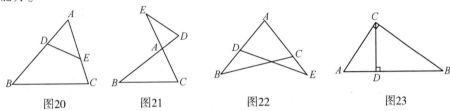

图20　　　　图21　　　　图22　　　　图23

2）学生活动

①与教师共同分析例题的解题思路。

②独立书写例题的解答过程。

③口答、分析例 17 和其变式 1、2 的解题思路。

④观察例 18 的"双垂直"三角形，找到图中的相似三角形，说明它们相似的理由。

3）活动意图说明

通过图形的变化，让学生认识更多相似三角形的基本图形。帮助学生建立基本图形库，为今后做综合题时能够从复杂图形中识别出相似三角形奠定基础。研究"双垂直"三角形时，先让学生通过观察，形成对图形特征的整体感知，再通过分析条件，结合相似三角形的判定方法，确定证明猜想的思路。利用"AA"判定定理及相似三角形的传递性解决问题，提高学生思维的灵活性。

3. 探究"双垂直"三角形中的乘积式

1）教师活动

例 19　承例 18，试证明以下结论。

①$AC^2 = AD \cdot AB$　　②$BC^2 = BD \cdot AB$　　③$CD^2 = AD \cdot BD$　　④$AC \cdot BC = AB \cdot CD$

引导学生分析回顾乘积式的证明方法，回答由乘积式中涉及的线段联想到的内容，进而确定解题思路。对于例 19 中的④，引导学生从相似、等面积角度给出解释。

2）学生活动

①观察乘积式中线段涉及的相关三角形。

②尝试运用相似知识解决问题。

③互相补充、质疑。

3）活动意图说明

通过引导学生观察乘积式中的相关线段涉及的三角形确定研究对象，提高学生思维的指向性和逻辑推理能力。

4. 利用相似关系解决求线段长

1）教师活动

例20　承例18，若 $AD=2$ cm，$BD=6$ cm，你能求出图中的哪些线段？

引导学生观察已知与所求线段涉及的三角形，联系运用已有经验解决问题。从相似、勾股定理等角度考虑。

2）学生活动

①学生独立思考，观察、分析由已知条件能得出哪些数学结论（线段长、图形关系等），并思考能否直接求出，如果不能直接求出，能否通过图形关系构建方程解决问题。

②小组合作，小组内对学困生进行指导。

3）活动意图说明

通过解题，对前面所学内容进行简单的应用，使学生会根据已知选择相似的三角形，提高学生的综合分析能力和计算能力。

5. 课堂小结

1）教师活动

引导学生从知识、解决问题的思想方法、数学活动经验等角度进行归纳。

2）学生活动

学生总结，互相补充完善。

6. 课堂检测

例21　如图24所示，Rt△ABC 中，∠C=90°，CD⊥AB，垂足为 D。若 AC=3，BC=4，求 CD 长。

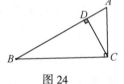

图24

7. 作业与拓展学习设计

1）基础题

例22　如图25所示，Rt△ABC 中，∠C=90°，CD⊥AB，垂足为 D。若 AC=1，BC=$\sqrt{3}$，求 AD、BD、CD 长。

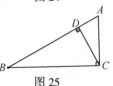

图25

例23　如图26所示，A、B、C 三点在同一条直线上，D、E 为该直线外两点，∠EAB=∠EBD=∠DCB=60°，求证：$\dfrac{AB}{BE}=\dfrac{BD}{BC}$。

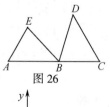

图26

2）提升题

例24　如图27所示，在平面直角坐标系 xOy 中，点 A 在 x 轴正半轴上，点 B 在 y 轴正半轴上，OC⊥AB，垂足为 C。若 OB=3，OA=4，求点 C 的坐标。

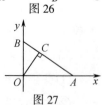

图27

六、教学反思与改进措施

在本节课的教学过程中，有优点也有不足，教学反思和改进措施如下。

1. 优点

根据上节课的不足，本节课在备课时，我更加认真地研究学情，根据学情做出多种预设，课堂气氛较前面两节课更为活跃。

2. 不足

①在证明"双垂直"三角形中3个三角形相似时，利用相似的传递性得到了3个三角形相似，没有给学生探究其他方法的机会。

②在探究例19中的④时，没有让学生从相似的角度去证明。

③在例19问题的解决中，直接让学生自己独立解决问题效果不好。

3. 改进措施

①在"双垂直"三角形中，让学生直接去证明两个小三角形相似，提高学生的逻辑推理能力。

②在学生用面积的不同求法来解释例19中的④时，要启发学生思考其他的方法。让学生利用相似三角形去证明，可以既紧扣本单元主题，又让学生感受到4个乘积式证明思路的一致性。

③在解决例19问题时，应让学生先独立思考，再师生共同分析如何根据已知条件找到涉及的相似三角形，进而得到比例式。让学生在解决这个问题的同时总结出在"双垂直"三角形中可以"知二推四"，并且知道很多线段的求法不唯一。

初三复习研究案例——圆的基本证明和计算

郭 喆

一、教学内容的地位和作用

圆是初中阶段研究的最后一个平面图形，它可以综合所有的平面几何知识，是一个包容万物的载体。圆的教学是在直线图形有关性质的基础上，较为系统地研究特殊的曲线图形。圆的基本证明和计算在中考中占据一定比例，难度中等偏上，所考查的知识点相对稳定，主要考查学生对圆、相似三角形、直角三角形等内容的综合应用能力和计算能力。从题目考查形式来看，常以第一问来考查切线的性质及判定，第二问以给定一条线段的长或是一个角的三角函数值，来求其他线段的长等形式出现，综合考查圆与三角形知识点之间的联系。基于以上分析，确定本课复习的重点是圆的基本证明和计算。

二、学生学情分析

在开始本课内容之前，学生已经掌握了圆的基本概念及性质、解直角三角形和相似三角形的知识，但是将这些知识综合运用到圆中的计算时，学生分解复杂图形为基本图形的能力仍有所欠缺，以致不能合理添加辅助线，构造基本图形求解，因此关于圆的计算对学生来说仍然具有一定的难度，学生转化意识有待加强。

对本课所要用到的定理及相关知识进行课前测，统计分析结果如下：全班共计24人，满分3人，占12.5%；其中，作图完全正确的学生有19人，占79%；定理填空完全正确的学生有8人，占33%；相关定理计算完全正确的学生有6人，占25%。错误主要集中在第3题和第4题，这两道题出错的学生共计19人，占79%，其中确定互余角和相等角个数的有11人出错，占46%；求锐角的正切值有8人出错，占33%。基于以上学情分析，确定本课复习的难点是基本几何图形间的相互关系。

三、教学目标

根据原有知识经验，能运用解直角三角形、相似三角形及圆的相关知识解决简单的圆中的几何证明和计算问题。

通过画图、交流、比较、发现、纠错等活动，使学生在动手操作、经验交流、比较反思中发现自己解圆困难的原因，从而逐步弥补自身不足，提高推理能力。

运用原有知识解决有关圆的计算问题，体味数学知识间的相互联系；在交流和反思的过程中培养学生的合作意识，体验成功的喜悦。

四、教学过程

（一）导入新知

圆的计算始终是困扰我们的一个难题，要么做不出来，有时即便是做出来，也会花费大量的时间，到底问题出在哪呢？这节课，就让我们试着去寻找问题的根源，以便及时弥补自己的空缺，有目的地进行调整和练习。

（二）例题学习

例1　在△ABC中，AB=AC，以AB为直径作⊙O，交BC于点D，连接OD，过点D作⊙O的切线，交AB延长线于点E，交AC于点F，连接OF。

1. 活动一

如图1所示，线段BC和AB（BC<AB），请你以已知线段BC为底，AB为腰，利用刻度尺和圆规等学具，按照上述题目要求画出图形（答案见图2）。

（1）活动要求

①认真审题，按照题目要求独立完成作图。

②简述作图过程及作图理由。

③学生间质疑交流，有问题的学生进行纠错修改。

（2）设计意图

活动一的设计，重在强调画图对几何解题的重要作用，使学生在画图过程中，逐渐体会图形的生成过程，更有利于学生在复杂的几何图形中找寻图形间的相互关系，为下一步对几何问题的分析和推理做好铺垫。

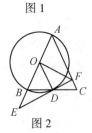

图1

图2

2. 活动二

猜想 OD 和 AC 的位置关系，并加以证明。

（1）活动要求

①学生独立思考，完成解题。

②学生展示交流，分享解题方法。

③学生讨论归纳，优化解题策略。

（2）解题预案

几何直观，猜想并判断 $OD /\!/ AC$，连接 AD，如图 3 所示。三种方法如图 4 所示。

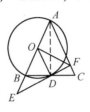

图 3

法1：

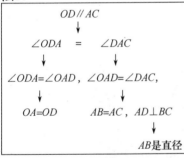

法2：

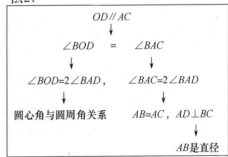

法3：

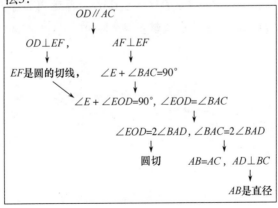

图 4

3. 活动三

例2　承例1，如图3所示，若 $AB = 10$，$\cos C = \dfrac{\sqrt{5}}{5}$ 时，求 AF 的长。

（1）活动要求

①学生独立思考，完成解题。

②学生讨论交流，分享解题方法。

（2）分析

通过连接 AD，构造 Rt△ABD，利用∠ABC 的余弦值求出 AD、BD 边的长度，由等腰三角形三线合一，得出 $DC=BD$。

（3）解题预案

①如图 5 所示，通过等角代换，利用∠C 的余弦求出 FC 的长，再 $AC-FC$ 即可。

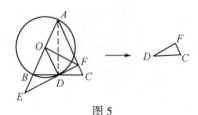

图 5

②如图 6 所示，由于"双垂直"，利用等积法：$AD \cdot DC = AC \cdot DF$，求出 DF，再利用勾股定理求 AF 长。

③由△ADF∽△ACD，线段对应成比例求解。

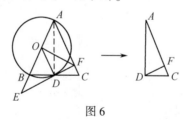

图 6

④如图 7 所示，利用三线合一得∠BAD=∠CAD，再运用"等角的余角相等"，根据∠ADF 的余弦值求出 DF，再用勾股定理解出 AF 即可。

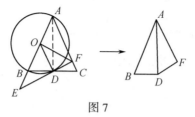

图 7

（4）设计意图

活动二和活动三的设计更加开放，解法灵活，贴近中考。在探究的过程中，给学生创造充分的独立思考和探究交流的机会。分享、展示解题方法，有助于培养学生的口语表达能力和合作能力，更有利于学生思维品质的培养，建立自信，获得成功的喜悦。同时，不同解法的分析和展示，有助于发散学生思维，使学生在交流的过程中体会不同的方法，观察、发现和理解复杂图形中基本图形之间的相互关系及转化，对于培养学生观察、分析、猜想、证明等相关数学能力，综合运用相关知识分析和解决问题的能力具有一定的作用。

4. 活动四

请你结合自己的解题情况进行反思，说一说没做出来或是没有想到其他解法的原因，或是指出解题时在哪一步遇到的障碍，小组交流。

（1）活动要求

①个人反思，积累经验。

②小组交流，个别学生班内交流。

（2）设计意图

活动四的设计意图在使学生发现问题，找准自己解圆难的原因，从而在后续复习过程中有目的地加以练习。

（3）例题反思

解圆难在哪儿？

知识上：圆的问题涉及的知识综合度非常高，知识储备不过关。

几何图形关系上：能够掌握单个基本图形的性质，但多个几何图形综合起来就掌握不好，尤其是不能有效确定图形间的关系。

怎样突破难点？

知识上：定理要背熟。

方法上：注重练习图形的分解与组合，分解可以帮我们弄清基本几何图形的性质，组合是为了发现图形间的关系；按需要添加辅助线，构造基本图形；将信息集中到某个基本图形求解。

（4）设计意图

通过例题反思，使学生明确自身的不足，抓住解圆的关键，及时调整和练习解题策略。

（三）小结回顾，提升反思

请你谈一谈，通过本节课的学习，你有哪些收获？对你今后解圆有哪些帮助？

（四）布置作业

例 3　如图 8 所示，AB 是 $\odot O$ 的直径，点 C 在 $\odot O$ 上，过点 C 作 $\odot O$ 的切线 CM。

（1）求证：$\angle ACM = \angle ABC$；

（2）延长 BC 到 D，使 $CD = BC$，连接 AD 与 CM 交于点 E，若 $\odot O$ 的半径为 2，$ED = 1$，求 AC 的长。

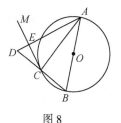

图 8

五、设计说明

本节课采用自主探究、合作交流、归纳反思等方式，在教学中用画图引导探究的形式展开，利用学生已有的知识经验交流和探索，促进学生主动参与到教学活动中来。在整个教学过程中，注重培养学生的合作探究意识和能力，通过四个活动的设计，有意降低复杂图形的难度，搭建台阶、层次递进，为分解基本图形做好铺垫。同时，在活动的过程中，鼓励学生通过动手画图、猜想、分析、探索、归纳等一系列活动思考来解决问题，体现学生学习的主体地位，培养学生的思维能力及解题技巧，发展学生的数学思维品质。另外，在教学过程中注重发挥教师的主导作用，启发、诱导学生分解复杂图形为基本图形，再将基本图形组合起来分析图形间的相互关系，有效落实教学重点，突破教学难点，使学生形成灵活、严谨的数学思维品质。

启　示

课堂教学是新课程实施的基本途径，是教师进行课程参与、实现专业化发展的重要渠道。"一切为了每一位学生的发展"是新课程改革的核心理念，这就意味着在教师的课堂教学中，全班每一位学生都应是被关注的对象。"关注本身就是最好的教育"，它要求教师必须用"心"施教，同时在教学过程中给学生创造愉悦的情感体验和学习体验，注重渗透高尚的道德品质和丰富的人生体验，培养学生的核心素养。这一部分的三篇不同课型的教学设计案例正是基于这个理念而设计的。董老师结合不同层次学生差异，以"活动为主线"分层施教，培养学生对多项式乘以多项式法则的发现、猜想、验证和归纳能力。赵老师灵活而又细腻的单元教学设计、教法实施和先进的教学理念，让人读来受益匪浅。郭老师开放自主的复习课设计，充分体现学生的主体地位，有效落实数学核心素养。下面结合具体的课例，简单谈一谈新课程改革的理念在各位老师的课堂教学中的实施。

（1）课堂教学的"活动化"

新课程标准明确指出："初中数学教学应培养学生对学习中出现的现象具有好奇心，不断发现新知识，总结新知识。"传统的教学主要是教师讲、学生听的"灌输"模式，新课程以学生的自主活动为主要方式，把数学学习主动权交给学生，鼓励每个学生积极参与教学活动，在教学中创设丰富多彩的活动情境，让学生亲自实践，大胆探索。关于多项式乘以多项式法则的得出，董老师借助三个问题活动设计，让学生类比单项式乘以多项式乘法法则的研究方法，分不同层次让学生探究，并利用代数计算和求面积的方法验证结果的正确性，感受法则形成的全过程。赵老师"相似三角形的判定"的单元设计，力求使学生真正成为"学习的主人"。在每一节课中都给学生个人展示和小组合作的机会，尤其是在第 2 课时中充分让学生经历三个判定定理的发现、实验、探究和证明过程，让他们真正地去做知识的发现者、研究者和探索者。郭老师的复习课打破以往传统的复习方式，落实几何学习中"画图"的基本要求，从例题的画图开始层层创设学习活动，给学生充分的时间和空间独立思考、合作探究。方法的多样性和思维的开放性，对于圆的难点突破显得尤为重要，精彩地展现了图形的分解与组合过程，学生学得意犹未尽。在教学设计中通过创设情境，借助层层递进的学生活动，引导学生揭开法则、定理发现过程的神秘面纱，丰富了学生的思维活动，激发了学生的探索与创新精神。教师与学生分享彼此的思考、经验和知识，交流彼此的情感体验和观念，丰富了教学内容，实现了教学相长和共同发展。

（2）课堂教学的"自主化"

这三篇教学设计案例中处处体现出教师在教学中能注意充分调动学生的学习积极性、主动性，坚持做到以人为本，以学生为先。立足于让学生先看、先想、先说、先练，让学生根据自己的体验，用自己的思维方式，通过独立思考、合作交流，学好知识，树立学好数学的信心。如多项式乘以多项式一课，先让学生类比单项式乘以多项式的乘法法则研究新知，目的在于使学生在认知结构上产生冲突，然后使学生主动参与探索发现过程，从而体会法则的形成过程，再由学生用自己的语言阐述和归纳，最后通过两个法则的比较，揭示实质，形成新的知识结构。不同层次的学生之间在交流中相互补充，使学生的知识、能力得到不断完善和提高，同时培养了小组协作精神。同样，相似三角形的判定的课程，也通过多种手段，如观察度量、实验操作、图形变换、逻辑推理等来探索相似三角形的判定定理。教师在学生通过观察、操作探究出判定定理后，还要求学生能对发现的判定定理进行证明，将直观操作和逻辑推理有机地整合在一起，使推理论证成为学生观察、实验、探究得出结论的自然延续。教师结合相似图形判定方法的探索和证明，进一步培养学生的合理推理能力，发展学生的逻辑思维能力和推理论证的表达能力。圆的基本证明和计算一课，从例题的呈现开始，教师便引导学生独自画图，体会图形的生成过程，帮助学生理解几何条件与相关定理，这些方法有效起到了复习作用。接下来教师通过设计两道问题和创设四个教学活动，让学生在独立思考和合作交流的过程中动手操作、猜想验证、尝试解决、质疑反思、策略优化，借助多种解法，让学生在展示的过程中发散思维，充分体会复杂图形与基本图形之间的关系，落实解圆难的教学重点。在活动四的设计中教师请学生结合自己的解题情况进行反思，说一说没做出来或是没有想到其他解法的原因，或是指出解题时在哪一步遇到的障碍，以此来帮助学生归纳总结自己的不足，体会解圆方法的多样性。该教学活动设计新颖，效果突出。

（3）课堂教学的"情感化"

三篇教学设计案例中教师们能够发挥"集思广益，智力互激"的优势，积极组织学生开展平等、宽松、民主的讨论，课堂中处处显示出尊重学生、关心学生、民主教学、情感共振。教师们走到学生中间把握思维脉络，学生在自主探索中亲自实践，在合作交流中解决困惑，在自主学习中掌握知识技能。教师用鼓励的语言激励学生发表不同的看法。教师创设活动情境，让学生间交流互动、纠错补充，并允许学生有不同的思维方式、不同的情感体验和不同的解题策略，使得人人都能获得良好的数学教育，这些充分展示了学生的个性和创造力，更好地体现出新课改的宗旨。另外，几位老师都能够从知识获得、能力发展、学习方法、学习态度、价值观念等角度，进行师生、生生之间的合理、客观的评价，给予学生肯定。教师的热情鼓励虽言语不多，却始终以学生为主体，充分调动学生的积极主动性。

这几篇教学设计案例中都注入了先进的课改新理念，给教师们的教学提供了一个方向。融新理念于教学中，会取得良好的效果。只要教师转变观念，在教学中始终把"关注人的发展"作为首要任务，那么学生的创新能力和应用意识也就能真正得到提高，学生也就真正地"快乐学数学，享受数学"。

第五章　课题篇——且行且思走出庸常（研究力）

时代发展很快，教育领域的变化也很快，这种变化体现在课堂、课程、考试改革的方方面面。在信息化高速发展的社会里，需要教师不断提高学习、实践和创新的能力，以适应未来教育对教师工作的要求，需要教师的工作从"经验型"转向"科研型"。很多管理层都在积极践行"科研兴教、科研兴校"的理念。实践表明：一线教师结合教学实践自觉学习理论，更新教育观念，以科研带教研，以教研促教改，对提高教师的专业素养和研究能力、带动学校教师整体的研究氛围、促进学校可持续发展大有裨益。

教师为什么要做课题研究？教师做课题研究是提升教师专业素养的重要途径，也是解决实际问题的需要，有助于养成严谨的工作作风，有助于科学教学的意识和工作方式。教师在实践中可能会遇到教学实践、学生行为习惯、道德表现、学校教育、学校管理模式等问题，这些问题中有的是教师能够研究的，容易提出策略进行改进的，有的是需要政策的支持，短期内很难改变的。所以，教师的研究需要聚焦能力圈内能够解决的小问题。通过对问题的研究，使教师的教育教学工作更加科学化、系统化，潜移默化地改变教师的思维方式和工作习惯，让教师自觉地去改进自己的教育手段和教学方法，进行教学反思。

所以，教育科研是当代教师工作的基本方式之一，是当代教师进行学习的方式之一。

第一节　基于问题解决开展课题研究

工作室通过前期面向全区教师的问卷调研，提炼出当前初中数学教学中的典型问题。

1. 大多数学生数学学习兴趣低

数学难学、数学中考题难、缺乏成就感是大多数学生学习数学的感受。老师们也都意识到应该通过各种方法调动学生学习数学的积极性，比如通过创设与生活相联系的真实情境，让学生体会到数学和生活的联系；通过充分了解学情，基于学生认知水平实际设计课堂教学；通过改进教学方式，增加学生的学习体验，提高学生的成就感和自信心；通过给学生充分交流表达的机会，让学生能够主动参与，保护学生敢于质疑、大胆猜想、探究的习惯；通过课下对学生进行学习指导，增加师生间情感交流等。但是，在实际工作中，教师却很难对某个群体或个体持之以恒地系统地运用上述策略。

2. 课堂上伪探究、伪合作现象普遍

大部分教师从主观上很重视启发式、互动式、探究式、体验式的教学，但是在实际操作上却不尽人意。在实践中，探究式教学很容易流于形式，走向两个极端："探究活动"变成引诱学生钻教师预设的"圈套"，没有丰富的探究空间；抑或"探究活动"成为一种"标签"，学生其实没有真正地进行探究活动，而是被教师牵着去发现"新知识"。而合作式的教学往往是从传统的教师一言堂变成了几个优秀生的表演，大多数的学生仍然充当听众角色，并没有深度参与到小组合作中。

3. 学生推理能力偏低

数与代数、图形与几何、概率与统计各个领域都涉及推理能力的培养问题。相对来说，学生在空间与图形部分的推理能力的表现更不尽人意。从统计数据看，每年初三学生在涉及圆的知识的综合题上大约有 5% 的白卷生，这暴露了在几何基础知识与技能、几何直观能力、逻辑推理能力方面的教学问题。根据 SOLO（structure of the observed learning outcome，可观察的学习结果的结构）分类理论对学生几何学习水平进行测量，尽管各年级涉及的知识点不同，但学生所处的关联结构水平整体不到 50%，这又暴露出学生在基本图形间关系的分析能力上极为欠缺，通过添加辅助线构造基本图形方面学生的能力欠缺表现得更为明显。

4. 教师布置作业缺乏设计

教师在布置作业时，通常会简单指定教材或教辅资料中的某几道题，缺乏对课时作业设计的深入思考、对课时作业间价值的关联思考、对课时作业与单元教学目标的关系思考。这就导致出现作业机械重复性、作业量分布不均、作业缺乏层次性、作业形式单调等问题。从学生的角度看，一刀切式的作业让学困生吃不了，让优秀生吃不饱，长此以往，抑制了他们自身兴趣爱好的发展，抑制了学生个性的发展，严重影响了学生的身心健康。

上述问题是问卷调研中的几个典型问题。这些问题有的指向学生的学习动机，有的指向教师的教学方式，有的指向学生数学能力发展现状，有的指向教师作业设计能力，都是当前全区教师急需解决的问题。为切实发挥工作室的引领作用，工作室依托市级课题"初中生几何学习障碍成因及对策的研究"促进区域研修活动质量的提升、带动校本教研深入开展。

第二节　工作室课题研究报告

"初中生几何学习障碍成因及对策的研究" 研究报告

密云区教师研修学院　崔永学

1　问题的提出

1.1　选题缘由

《国家中长期教育改革和发展规划纲要（2010—2020 年）》中明确："教育公平是社会公平的重要基础。"《义务教育数学课程标准（2011 年版）》中提出数学课程应致力于实现义务教育阶段的培养目标，要面向全体学生，适应学生个性发展的需要，使得人人都能获得良好的数学教育，不同的人在数学上得到不同的发展。

当前初中生中学困生因为"吃不了，学不会"导致厌学、弃学现象比较严重，尤其是在几何学习部分更为突出。初中数学教师普遍反映几何难教、学生难学，各校不同程度存在几何学习有障碍的学生，教师对几何教学存在一些理解上的误区，也缺乏行之有效的改进学生学习效果的策略。教师在进行命题证明教学时，过度强调推理形式的规范性，忽视对推理条理性的训练，教学中轻思考重形式现象严重，偏离推理能力发展的关键。部分教师曲解课标要求，在几何教学过程中，忽视几何直观在发现数学结论中的重要作用，只注重纯粹的演绎推理证明训练，学生不能真正体验到几何直观在数学发现过程中的应有价值。

1.2　研究目的和意义

通过研究，纠正教师几何课问题及活动设计上的错误认识，梳理清楚几何直观、数学直觉与逻辑推理之间的辩证关系，总结归纳初中生几何学习障碍的主要成因，形成转变几何学困生的有效策略。

通过研究，提升区域教师针对学情实际进行教学设计的能力，提高教师科研意识，也为学校开展校本研修提供借鉴经验。

2　文献综述

2.1　研究的理论基础

2.1.1　建构主义理论

建构主义理论认为学习是一个积极主动的建构过程，学习者不是被动地接受外在信息，而是根据先前认知结构主动地和有选择地感知外在信息，建构当前事务的意义；知识是个人经验的合理化，而不是说明世界的真理；知识的建构并不是任意的和随心所欲的；学习者的建构都是多元化的。

教师对较为复杂的几何题进行分析时，通常以直接告知思路的方式进行。即便是在学生初步探究思路之后的讲解，也往往会掩盖学生真实的思维障碍，这就使得教学脱离了大部分学困生的真实认知水平。

2.1.2 多元智能理论

根据加德纳的多元智能理论，每个人至少拥有七种智力，只是这七种智力以不同的方式及不同的组合形式表现出来，具有自己的特点和独特的表现方式。学生不存在聪明与否的问题，只是哪些方面聪明和怎样算聪明的问题，每个学生都有自己的优势智力领域，有自己的学习类型和方法，适当的教育和训练可以使每一个学生的智能发挥到更高水平。多元智能理论倡导的教学观是一种"对症下药"的因材施教观。多元智能理论认为，每个不同的智力领域都有自己独特的发展过程并使用不同的符号系统。

学困生可能在几何直观、数学直觉、逻辑推理能力表现方面都比较低，也可能只是某一方面的能力相对弱。教师需要针对学生具体表现出来的不同问题采取不同的干预措施，以改进学困生的学习效果。

2.1.3 皮亚杰儿童思维发展阶段理论

皮亚杰把儿童认识的建构过程划分为感知运动阶段（零到二岁）、前运算阶段（二岁到六七岁）、具体运算阶段（六七岁到十一二岁）、形式运算阶段（十一二岁到十四五岁）四个阶段。认为儿童智力发展的四个阶段是连续发生、紧密衔接在一起的。每一阶段都是前一阶段的延伸，是在新的水平上把前一阶段进行改组，并以不断提高的增幅超越前一阶段。各个阶段之间存在着质的差异。虽然各阶段因各人的智慧程度和社会环境的不同而可能提前或推迟，但阶段的先后顺序是不变的，而且人人都要经历这样的几个阶段。

尽管学生思维发展阶段遵循有序性，但是学生思维发展的速度不尽相同。教师需要针对学生不同的表现，设置不同难度的问题、任务，以促进其思维水平得到不同程度的发展。

2.2 国内外研究现状

国内外很多学者、一线教师对数学学习障碍、几何学习障碍等从不同角度进行深入研究，分析出影响数学学习障碍或几何学习障碍的主要成因。

2.2.1 对数学学习障碍的研究

关于影响学生数学学习障碍的主要成因分析，不同的研究者关注的角度不同。

1. 环境、心理、学科因素影响论

何洁认为影响学生数学学习障碍的主要成因有外在环境和学科性质。其中外在环境包括学习环境、教师素质、家庭因素等，学科性质主要源于数学本身抽象性、逻辑性强、操作性弱。初中生正处于活泼好动的青春期，他们有活跃的思维，但是缺少逻辑判断力和理性思考能力。①

　　江爱春将学生数学学习障碍的原因归纳为四个：心理因素、小初衔接不顺、思维能力差异大、学习方法运用不当。②

　　梁威在研究中学生数学学习障碍时将其分成认知障碍和情绪障碍（也可称为情感障碍）。认知障碍是指在认知过程中，由于记忆、理解、思维等心理因素的影响，导致数学学习障碍；情绪障碍是指在学习过程中，由于师生关系、同伴关系及其他关系不融洽，数学学习受到影响。③

　　台湾社会大学特聘教授陈文德认为学生数学心理障碍是由于环境不良和教育错误所导致。

　　雷士曼认为中学生数学学习困难主要有如下原因：数学基础能力差，情绪有问题，阅读理解能力欠缺，不利的环境因素，缺乏合适的教学等。

　　日本教育学者北尾伦彦的"三层级说"认为中学生数学心理障碍有三个层次。第一层因素有两方面的成因：教师因素和学生因素。教师缺乏得当的教学方法，学生缺乏正确的学习方法和端正的学习态度、习惯等。第二层因素指学生的心理性因素，比如智能、学习兴趣、动机等，学生因为没有正确的学习方法、态度和好的学习习惯，从而造成学习能力的不足，长时间后就会感到数学学习的枯燥无味，久而久之失去学习数学的兴趣。第三层次的因素是环境方面的因素，包括学校、家庭、社会诸方面的因素。学校里老师对学生评价的方式、家庭里不良的环境、社会上的不良风气等都会给学生带来心理阴影，影响他们的求知欲和好奇心，导致更多的学生变成"问题学生"。

　　2. 环境、心理、生理因素影响论

　　张舒哲提出四种有代表性的学习困难基本类型：第一类型，根据学习困难的原因，分为生理缺陷型和心理缺陷型；第二类型，根据学习困难形成过程中发生作用的影响因素的多少，分为单一型和综合型；第三类型，根据学习困难的可矫正性，分为暂时型和持续型；第四类型，根据学生的神经类型特点，又可分为兴奋型和安静型。④

　　台湾著名心理学家刘弘白博士的研究表明，导致中学生数学心理障碍的因素可分为三类：环境、身体、心理。

　　美国特殊教育家柯克在学习障碍的研究中揭示了学生学习障碍的成因，他认为学习障碍是因为中枢神经系统的失调所引起的。美国加州大学珍爱尔丝博士指出学生学习障碍是由于感觉综合功能的缺陷导致的。

　　从国内外一线教师、学者对数学学习障碍的研究看，形成学生数学学习障碍的原因

①　何洁 . 初中数学学习障碍的形成原因及解决对策[J]. 兰州教育学院学报，2015，31（1）：161-162.
②　江爱春 . 浅析初中数学学习障碍的成因及消除方法[J]. 数理化解题研究，2017（29）：21.
③　梁威 . 初中生数学学习障碍研究及教学对策[J]. 教育科学研究，1996（5）：19-22.
④　张舒哲 . 论学习困难的界定方法和基本类型[J]. 心理发展与教育，1994（2）：59-64.

很复杂，尽管侧重点不同，但基本上都是从内因和外因两个维度进行研究。这也说明消除学生数学学习障碍应当是一件非常复杂的工作。

2.2.2　对几何学习障碍的研究

卢沉对上海的某一个学校八年级学生的几何学习现状进行了调查，他的这个研究用到了问卷调查和几何测试卷。结果显示学生在几何学习中产生障碍的主要原因有语言转化和视图能力欠缺，同时学生在几何学习方法上存在很大问题，学生不善于分析和总结等。[①]

田甜对初中学生在几何学习中的困难进行了研究，她的这个研究主要是对某学校初中三个年级的 300 多名学生进行了试卷的测试。测试的结果表明学生的语言转换能力较为欠缺，空间想象力不强，对几何基本知识掌握的熟练程度较差。[②]

邹群英主要是研究八年级学生在几何学习中存在的困难，他采用的方法是用试卷来测试。测试的结果显示，八年级学生在几何解题中存在识图、作图能力欠缺，题意理解困难，对综合题目分析不透彻，语言认知监控不到位等问题。[③]

蔡进添提出初中生几何学习障碍的三个归因：学生对几何学习存在消极的归因偏差；消极的归因偏差导致认识、情意和行为三方面障碍的相互作用，形成恶性循环的怪圈；一部分教师对于学生的障碍分析也存在某种归因偏差。[④]

张金侨对学生几何学习障碍成因归结为两方面：一方面是由于几何本身演绎推理成分逐渐增多的原因，另一方面是教师在几何改革后仍然采用传统教法，学生在几何学习过程中容易在心理上产生几何学习的障碍。[⑤]

夏体智从认知障碍角度对几何学习障碍进行归因分析：图形定势引起的认知障碍、复杂图形引起的认知障碍、推理论证引起的认知障碍。[⑥]

Rolland 抽取了一百多名学生进行诊断性测试。研究结果主要为三个方面：无法从复杂的图形中找出已学过的基本图形，导致在基本图形中学过的定理、性质完全用不上；逻辑混乱，用正确的逻辑关系完成几何题目的证明困难较大；不知道几何证明是为了什么，无法理解题意。

Fischbein 的研究主要阐述了面对学生在几何学习中出现的问题教师应该教授学生怎么做。他觉得应该教授学生摆脱图形的限制，让学生更多地理解几何图形背后的相关概念。同时教师在对一般图形的性质概念进行讲授的过程中，要多引导学生去思考在遇到不规则图形时应该怎么处理。几何图形具有双重性，学生要学会处理好一般与特殊的

---

① 卢沉. 关于初二学生在几何证明中认知错误分析及教学对策的研究[D]. 上海：上海师范大学，2011.
② 田甜. 新课程背景下初中几何学习困难的研究[D]. 昆明：云南师范大学，2006.
③ 邹群英. 解决初二几何学习困难的对策研究[D]. 苏州：苏州大学，2009.
④ 蔡进添. 初中几何学习的障碍分析及其对策[J]. 数学教学研究，1996(1)：2-3.
⑤ 张金侨. 中学生几何学习的心理障碍及消除[J]. 龙岩学院学报，2004(S1)：136-138.
⑥ 夏体智. 初中学生几何学习中的认知障碍分析[J]. 上海中学数学，2002(1)：14-16.

问题。

从国内外关于几何学习障碍研究看，有教材编写、教师教学方式、学生认知障碍、学生情感障碍、学生识图作图能力低等多种因素，原因也较为复杂。

2.2.3　结论

通过对国内外关于初中生数学学习障碍、几何学习障碍的相关研究，学者普遍认为形成数学学习、几何学习障碍的因素非常多，具体涉及认知障碍、情感障碍、教师教学方式、教材设置等多方面内容。对于一线教师如何改进教学指导性意见偏多，具体实践案例及成效的研究相对不足。

我国开展数学教育心理学研究相对国外较晚，尤其对于具体图形与几何知识领域的研究缺乏实证性的研究，对现象缺乏用认知相关理论进行深刻剖析，对几何学习的研究更多停留在"如何教"的经验层面上，而缺乏为解决认知障碍中的"为什么"进行理性论证。在近20年中多数是对数学学习障碍、一般意义上的学生学习认知障碍的研究，缺乏对几何学习障碍的研究。课题组结合本区学生、教师的实际情况，以及教材具体设置，对几何学习障碍进行了系统研究，为一线教师更新教育理念、改进教育教学方式、提高教学效果提供一定的参考依据。

2.3　概念界定

1. 学习障碍的定义

结合已有定义研究，参照国内外有关学习障碍的定义，笔者认为学习障碍是学生对各类学习失常现象的统称，是指学生在使用语言、理解、推理、计算等方面的明显困难，缺乏能力，往往表现为智力正常，但学习效果较差，不能满足课程标准的要求。

2. 数学学习障碍的定义

数学学习障碍意思是说学生的数学学习水平与同年龄或同年级学生相比出现明显差距，这部分学生明显表现出数学学习能力不足。学生在身体上是没有任何残疾的，只是他们数学学习的综合能力比较低下，无法达到课标所要求的层次，同时对数学知识的继续学习感到非常的困难，难以继续。数学概念缺乏、计算速度非常慢、数学法则掌握不到位等这些特征主要出现在小学低年级的代数学习阶段。进入初中阶段，大部分学生在问题的解决中出现理解题意不到位、推理论证能力不够、问题答案的表述不符合逻辑等情况。在问题解决中出现的种种障碍是由很多因素造成的，它体现在学生的计算能力、阅读能力和空间想象能力等方面。

3. 几何学习障碍的定义

很多学生在几何解题过程中无法顺利地将题目中的各个元素联系起来，即使在教师或同学的帮助下，在解题过程中也会遇到很大的困难，对几何证明的过程总是感到很无助，无从下笔。学生只能靠机械地做题来巩固已学过的内容，这种困难伴随着几何内容的丰富而增大，与此同时，学生的学习动机也变弱。

在本课题研究中，几何学习障碍特指学生在几何的学习过程中会暴露出的在几何直观和推理论证方面的问题。

3　研究内容

根据学生表现出的几何直观能力、推理论证能力偏低的问题，确定以下研究内容：

①影响学生几何直观能力发展的主要因素分析；

②影响学生推理论证能力发展的主要因素分析；

③培养学生几何直观能力、推理论证能力的策略分析。

为深入了解密云区初中生几何学习障碍的典型表现、成因，以及对策，本课题组收集了全区初中数学阶段性考试数据、相关学生问卷、教师问卷，在结果分析的基础上进行行动研究，检验运用策略转变学生几何学习障碍的效果。

4　研究方法与技术

本课题在研究过程中主要采取文献法、问卷调查法、行动研究法和测试分析法。

1. 文献法

本研究中文献法的分析主要分为两个阶段：第一阶段是文献研究，主要目的是搜集国内外关于影响学生几何学习障碍因素及对策的相关文献，梳理相关理论基础、相关经验，为开展课题研究奠定基础。第二阶段是对参与课题研究的成员撰写的论文进行整理分析，以期分析教师通过参与研究获得的成长。

2. 问卷调查法

通过对全区 2016 级的学生进行跟进式的问卷调查，了解学生对自身几何学习障碍的认识、教师教学方式等情况，从而间接分析教师教学行为改进的情况。通过问卷星平台进行问卷调查，并收集相关数据信息。

3. 行动研究法

将几何课概念课、定理课、习题课、单元复习课、专题课等课程研究与区级研修活动相结合，为教师呈现几何课设计参考案例。教师通过理论学习、借鉴优秀设计实践改进、反思交流研讨等方式不断优化几何课教学设计。这里运用的技术工具是各校的录课系统和教育云平台。课题组将研究得到的典型课例录制成视频资源上传到云平台，供教师进一步学习观摩、研讨、借鉴。

4. 测试分析法

通过对学生 5 次大型考试数据进行对比分析，通过分析学生在几何知识组块、能力组块的得分情况，以及问卷情况，检验课题组提出的消除学生几何学习障碍、优化课堂教学设计策略的有效性。运用阅卷系统教考平台提供的数据，对不同学校、不同阶段的学生的几何学习表现进行分析。

5　课题实施过程

5.1　课题规划阶段（2016 年 6 月—8 月）

在分析学生在几何学习中的典型问题的基础上，课题负责人提炼出研究的主要问题，结合对相关政策、文件的深入学习，形成本课题的研究背景，完成课题研究的流程设计，初步确定参与课题研究的核心成员。

5.2　课题实施阶段（2016 年 9 月—2019 年 12 月）

1. 课题组前期筹备阶段

2016 年 9 月 16 日，课题组召开开题论证准备会，初步制订研究方案，确定问卷调研分析工作、文献收集整理工作，以及课题结题报告、研究报告撰写等工作的相关负责人。

2016 年 12 月 8 日，课题组完成开题论证会。结合专家提出的意见，进一步完善了研究方案。

2. 课题实践研究阶段

根据课题负责人主管研修工作的实际情况，分别对初中生几何学习的障碍现状进行调查，对初中生几何学习障碍的归因进行分析，制订初中生几何学习的研究对策，通过实践研究，不断改善课堂教学设计方案，优化课堂教学设计。

第一阶段：文献整理和对学生几何学习障碍的现状调研阶段（2016 年 11 月—2017 年 5 月）。该阶段收集学生问卷、进行考试测试数据的分析，对全区初一学生的几何学习障碍表现进行归类，并给出归因分析，结合文献整理初步确定消除几何学习障碍的对策。

第二阶段：学生几何学习障碍消除的对策培训阶段（2017 年 5 月—12 月）。课题组围绕"初中生几何学习障碍成因及对策"开展系列主题研修活动，重点分析解决几何综合题中常考查的相关知识要素和数学能力问题，并对教师几何常态课中的任务分解问题提出指导性建议。

第三阶段：消除学生几何学习障碍的行动研究阶段（2018 年 1 月—2019 年 12 月）。教师在区级培训后，结合学情实际设计出一节几何复习课进行校内展示，该复习课重点体现对学生主体参与、画图能力、几何直观能力、推理论证能力的培养。该阶段在区级培训基础上，以各校推进的方式将研究成果进行扩大，更新教师教学理念，改进教学行为。围绕课题研究，区一级共开展关于几何教学的说课、教材分析、研究课等活动 12 次，为教师示范在几何新知课、复习课、专题课教学中如何消除学生的几何学习障碍，如改进教学方式、创设和谐师生关系、优化几何课活动设计、培养学生反思习惯、进行积极的心理干预等。

5.3　考试数据、调查问卷及分析

1. 学生几何学习知识的掌握、能力发展动态的监测

在实践研究阶段，课题组对学生 7 次大型考试中图形与几何知识组块、几何直观能力与推理论证能力得分情况进行持续追踪统计。具体见表 1 和表 2。

表 1　7 次大型考试中图形与几何知识组块得分情况统计

考试类型	考试时间	得分率	低分率	解答题零分率
初一上期末	2017 年 1 月	0.73	0.18	0.13
初一下期末	2017 年 7 月	0.68	0.19	0.15
初二上期末	2018 年 1 月	0.66	0.21	0.16
初二下期末	2018 年 7 月	0.64	0.23	0.18
初三上期末	2019 年 1 月	0.63	0.24	0.15
初三一模	2019 年 5 月	0.65	0.22	0.11
初三二模	2019 年 6 月	0.64	0.19	0.08

从表 1 统计情况看，从初一到初三，随着教学内容容量的增加，教学难度的加深，几何学习学困生的数量逐渐增多，特别是初二下学期开始现象较为突出。解答题得零分的学生人数也是在逐年增加，暴露出教师在几何解答题教学中存在的严重问题。初三复习课后，教师通过措施干预，学生在图形与几何知识组块上得分率有所提高，零分率也在逐渐减少。

表 2　7 次大型考试中几何直观能力与推理论证能力得分情况统计

考试类型	考试时间	几何直观能力得分率	推理论证能力得分率
初一上期末	2017 年 1 月	0.76	0.73
初一下期末	2017 年 7 月	0.74	0.65
初二上期末	2018 年 1 月	0.73	0.63
初二下期末	2018 年 7 月	0.74	0.62
初三上期末	2019 年 1 月	0.72	0.61
初三一模	2019 年 5 月	0.75	0.64
初三二模	2019 年 6 月	0.76	0.65

从表 2 统计情况看，7 次考试学生在几何直观能力上得分率变化不大，但是在推理论证能力上从初一下水平开始明显分化，后续随着能力水平要求的变化，得分率也在降低，但是呈现出相对稳定的态势。进入到初三复习阶段后，学生在几何直观与推理论证能力方面的表现相对于初二有所提升。

2. 学生调查问卷分析

学生调查问卷主要是为了解教师例题教学的分析方法，对学生几何直观与推理论证

能力的培养方法和学生的学习方法等方面的内容。

学生调查问卷统计表共有三份，分别为初一下（2017年7月）学生问卷统计表（见表3）、初二下（2018年7月）学生问卷统计表（见表4）、初三一模（2019年5月）学生问卷统计表（见表5）。

表3　初一下（2017年7月）学生问卷统计表

问卷内容	百分比
1. 几何课上教师讲解几何概念时，要求我们要主动画出几何图形。	
A. 经常	30%
B. 有时	41%
C. 很少	29%
2. 老师进行几何教学时，为例题和习题提供现成的图形。	
A. 经常	52%
B. 有时	37%
C. 很少	11%
3. 老师分析几何题时，先让我们看有什么特殊结论。	
A. 经常	25%
B. 有时	46%
C. 很少	29%
4. 老师分析几何题时，先让我们想思路再规范写法。	
A. 经常	20%
B. 有时	17%
C. 很少	63%
5. 老师在指导我分析几何思路时，先听我说想法再指导。	
A. 经常	17%
B. 有时	23%
C. 很少	60%
6. 老师要求例题必须按照老师示范的步骤写。	
A. 完全符合	60%
B. 比较符合	23%
C. 不太符合	17%
7. 我觉得几何比代数难学。	
A. 完全符合	73%

问卷内容	百分比
B. 比较符合	17%
C. 不太符合	10%
8. 我对几何题有思路，但是不会写过程。	
A. 完全符合	33%
B. 比较符合	32%
C. 不太符合	35%
9. 我觉得结合图形有助于我形成解题思路。	
A. 完全符合	65%
B. 比较符合	26%
C. 不太符合	9%
10. 我对稍微复杂的几何题没有完全做出来的主要原因是＿＿＿＿＿。	
A. 相关概念、定理不熟	15%
B. 不知道从哪个条件入手	9%
C. 看不出条件与图形之间有什么联系	76%

从表 3 中的问卷看，教师在对学生主动画图方面的要求相对不高，比较注重学生几何符号语言的规范使用，但对几何题解题思路分析相对不足；就学生而言，能够意识到图形的直观对解题思路的重要性，但对于图形或条件之间联系的分析能力普遍缺乏。

表 4　初二下（2018 年 7 月）学生问卷统计表

问卷内容	百分比
1. 几何课上教师讲解几何概念时，要求我们试着画出不同情况的几何图形。	
A. 经常	32%
B. 有时	43%
C. 很少	25%
2. 老师进行几何教学时，为例题和习题提供现成的图形。	
A. 经常	35%
B. 有时	32%
C. 很少	33%
3. 老师分析几何题时，先让我们看有什么特殊结论。	
A. 经常	43%
B. 有时	40%
C. 很少	17%

问卷内容	百分比
4. 老师分析几何题时，先让我们想思路再规范写法。	
A. 经常	45%
B. 有时	20%
C. 很少	35%
5. 老师在指导我分析几何思路时，先听我说想法再指导。	
A. 经常	21%
B. 有时	25%
C. 很少	54%
6. 老师要求例题必须按照老师示范的步骤写。	
A. 完全符合	35%
B. 比较符合	21%
C. 不太符合	44%
7. 我觉得几何比代数难学。	
A. 完全符合	72%
B. 比较符合	13%
C. 不太符合	15%
8. 我对几何题有思路，但是不会写过程。	
A. 完全符合	29%
B. 比较符合	31%
C. 不太符合	40%
9. 我觉得结合图形有助于我形成解题思路。	
A. 完全符合	70%
B. 比较符合	15%
C. 不太符合	15%
10. 我对稍微复杂的几何题没有完全做出来的主要原因是_____。	
A. 相关概念、定理不熟	19%
B. 不知道从哪个条件入手	9%
C. 看不出条件与图形之间有什么联系	72%

　　对比表3和表4可看出，在初二下学期教师在画图能力方面的要求有所加强，在例题教学上也更加注重由学生主动揭示思路，对解答过程也更多地给学生提供开放的思维空间。但是，从教师指导学生方面情况看，大多数教师还是习惯于直接告知思路，缺乏在学生原有知识经验基础上进行主动建构的意识。

表5 初三一模（2019年5月）学生问卷统计表

问卷内容	百分比
1. 对于没有图形的几何题，我能够很快规范地画出图形。	
A. 完全符合	30%
B. 比较符合	29%
C. 不符合	41%
2. 老师进行几何教学时，为例题和习题提供现成的图形。	
A. 经常	41%
B. 有时	35%
C. 很少	24%
3. 老师分析几何题时，先让我们直观观察有什么发现。	
A. 经常	31%
B. 有时	44%
C. 很少	25%
4. 老师分析几何题时，让我们先想思路再规范写法。	
A. 经常	31%
B. 有时	16%
C. 很少	53%
5. 老师在指导我分析几何思路时，先听我说想法再指导。	
A. 经常	31%
B. 有时	21%
C. 很少	48%
6. 老师要求例题必须按照老师示范的步骤写。	
A. 完全符合	15%
B. 比较符合	21%
C. 不太符合	64%
7. 我觉得几何比代数难学。	
A. 完全符合	72%
B. 比较符合	15%
C. 不太符合	13%
8. 我对几何题有思路，但是不会写过程。	
A. 完全符合	13%
B. 比较符合	18%
C. 不太符合	69%
9. 我觉得结合图形有助于我形成解题思路。	
A. 完全符合	63%
B. 比较符合	21%
C. 不太符合	16%

问卷内容	百分比
10. 我对稍微复杂的几何题没有完全做出来的主要原因是_____。	
A. 相关概念、定理不熟	18%
B. 不知道从哪个条件入手	9%
C. 看不出条件与图形之间有什么联系	43%
D. 不会添加辅助线构造基本图形	30%

　　从表5中的数据看，教师在例题分析和指导学生的方式上较之前均有所改善。学生在画图能力、基本图形的识别、基本图形间关系的分析，以及构造基本图形的能力等方面存在的问题相对突出。这就说明解决学生几何学习的障碍需要进行多角度、系统性的方案设计，单纯从某一方面着手无法从根本上解决问题。

　　3. 教师问卷及分析

　　为了解教师对基本图形的认识和落实情况，笔者于2019年5月对密云区内120名初中数学教师进行了问卷调研。2019年5月教师问卷（部分问题）统计表见表6。

表6　2019年5月教师问卷（部分问题）统计表

问卷内容	百分比
1. 您认为什么是几何中的基本图形?	
A. 几何概念、定理或基本事实所对应的图形	23.81%
B. 教材中例题、习题中典型图形	0.68%
C. 以上两种都可以	73.47%
D. 其他	2.04%
2. 您在课堂上对学生画基本图形的要求情况是什么?	
A. 直接提供基本图形供学生观察	5.44%
B. 让学生模仿教师板书画出基本图形	6.80%
C. 提供基本图形，但会引导学生尝试画出其他情形	25.86%
D. 有意识让学生画出基本图形，课堂小结时会让学生总结	61.90%
3. 您在例题教学中对题目中基本图形的分析情况是什么?	
A. 不分析基本图形	0.68%
B. 会自己分析有哪些基本图形	2.72%
C. 会引导学生分析有哪些基本图形	39.46%
D. 除引导学生进行基本图形分析外，还会引导是否有特殊结论	57.14%
4. 您是如何处理需要添加辅助线的例题的?	
A. 直接给出添加辅助线的方法	1.36%
B. 让学生试着添加辅助线，但没有解释原理	4.08%
C. 引导学生正确添加辅助线，并解释原理	38.78%
D. 解释添加辅助线的原理，并在解题后总结规律	55.78%

表6中的数据表明，尽管教师对基本图形的概念界定理解有差异，但是大部分教师能够有意识地给学生提供画基本图形的机会。大部分教师在例题教学中能够有意识地引导学生分析例题中的基本图形，对于需要添加辅助线的问题也能够有意识地引导学生添加辅助线，并解释添加辅助线的原理。这些说明通过课题研究，以及全区研修活动的推进，教师们对画图、识图、用图和构造图形的重视程度有所加强，能够在课堂上为学生提供观察、分析、思考的机会。反思测试数据的变化，说明教师的认识和课堂实践有一定偏差，对学生学习情感因素方面的关注也相对欠缺。

5.4　成果总结阶段（2020 年 1 月—5 月）

梳理前期的研究成果，结合疫情阶段线上教学的具体特点，通过在资源包中推送画图任务、动手操作任务、单元学习任务单激发学生主动探究意识，培养学生动手操作能力，发展几何直观能力和推理论证能力，为进一步推进消除学生几何学习障碍工作奠定基础。

从为期 3 年的研究情况来看，教师们逐渐实现了从理念转变到教学行为的转变。教师逐渐重视学生画图能力的培养，对学生推理能力的培养也不再仅限于几何教学，而是能够在数学教学中均得到不同程度的体现。从初三学生的表现看，图形与几何组块的得分率有所改善。

6　课题研究成果或成效

6.1　主要成果

1. 探索出区、校联动解决区域教学关键问题的有效路径

（1）全区统筹教师培训

初中生几何学习障碍的形成因素诸多，其中教师个人的数学专业素养、对数学教育价值的理解、课堂教学设计能力、针对学生非智力因素确定的策略等因素均对学生的学习起到重要作用。研修员从区级层面统筹设计各年级的培训活动，提升教师专业素养，其中"十三五"期间区级教师培训课程"初中生几何直观能力培养的研究""与图形相关的数学学习心理"等均为本课题的相关研究成果。

（2）学校校本研究推进

各校根据教师在专业上、课堂教学设计上、学生管理上存在的问题，展开校本研修活动，解决学校教学的个性化问题、解决学校教师专业发展的个性化问题。各教备组通过备课、磨课、晒课、议课等活动，聚焦学生推理能力培养并展开系列研究，积累了丰富的研究案例，也潜移默化地提升了教师的研究能力和课堂实践能力。

（3）网络研修提升教师专业系统性

研修员开发的网络课程"初中生几何直观能力培养的研究""与图形相关的数学学习心理"在密云教育云平台上线。课程聚焦初中生几何直观能力培养及与图形相关的学

习心理的研究，理论联系实际，对于教师优化设计，改进学生几何学习现状具有重要参考价值。

（4）学生数学能力发展监控机制

教师、学校、区级建立三级联动监控机制。学校教师上报期中考试命题、试卷分析、学生考试数据情况，以便研修员整体把握全区各校学生的几何相关能力发展现状。研修员针对学生考试暴露出的问题及时给出可行性建议。

2. 形成系列相关理论建设研究成果

课题组通过文献检索，收录了几十篇相关文献，并分类整理成电子文件下发到各实验校，供教师学习研究。多名实验校在全区研修活动中交流分享经验，多名关于本课题的论文获区级、市级奖，并在各级各类刊物上发表。教师经验分享与撰写论文的内容主要聚焦以下问题：不同课型的设计研究、学生几何学习障碍的对应及对策、教学具体案例研究等。

3. 积累了一批高质量的课例及课程资源

四所实验校在前期课题组成员研讨、专家指导、教师实践的基础上收集了 16 个典型教学设计课例或专题讲座讲稿，其中张德印的"平行四边形的判定"在北京市农村学校中学数学教师教学展示和观摩活动中获一等奖；张余的"勾股定理"在北京市中学数学学科 2017—2018 学年"示范性教研活动"评选中获一等奖；梁帅的"三角形的性质"在北京市农村学校中学数学教师教学展示和观摩活动中获一等奖；张余的"勾股定理"在北京市农村学校中学数学教师教学展示和观摩活动中获一等奖；赵月的"相似形"获北京市中小学第二届京教杯青年教师评比展示二等奖；张余的"三角形性质"在北京市"京版"初中数学教师教材研究课展示与说课评比活动中获得一等奖。

课题组指导教师在 2020 年春季学期围绕初中数学"数与代数""图形与几何""概率与统计"三大领域共开发出 100 余节数学在线学习资源，上传到密云教育云平台，作为全区初中数学教师日常教学素材。

6.2　主要成效

1. 教师角度

课题组在区级研修活动中多次交流关于在圆、几何综合题中如何发展学生推理能力的理论成果和实践案例，受到广大一线数学教师的好评。3 年来，组织专家讲座培训 10 余次，大型研讨课 13 次，全区受益教师 180 余人。

通过课题研究，教师明确了几何学习障碍的相关概念，提升了对培养学生几何直观能力和逻辑推理能力的理论认识和课堂实践能力，能够将几何综合问题进行任务分解，在基础年级单元教学中采用渗透式方法对学生进行训练，教学效果得到明显提升。在这个研究过程中，教师课题研究能力、科研意识得到了提升，教师的综合素养也不断得到发展。课题组成员通过开展系列活动，唤醒了教师的自主发展意识，提升了教师的职业精神，激发了教师专业发展的需求。在系列研究课活动开展过程中，教师通过连续的课例打磨提升了专业素养。每个成员凭借团队平台积极主动发展，在区域教育中发挥着示范引领作用。

2. 学生角度

课题组以发展学生推理能力的研究为抓手，进一步提升教师的数学理解力和课堂教学设计能力，推动课堂教学方式的变革。

通过对近3年基础年级期末考试成绩的分析，学生几何证明计算题的零分率从实验前的13%降低到目前的8%，学生整体在推理能力方面的得分率同比也略有提高。2019届初三学生在中考中推理维度的表现与城区差距也有缩小。

6.3　主要结论

1. 数学能力的培养需要在各个知识领域内落实

从调研情况看，大部分教师在几何直观和推理能力的培养上存在理解的误区，片面地认为只有在几何教学中这些才应被重点关注。教师新授课课堂练习和课后作业缺少考查知识间横向联系的设计，学生缺乏打破教材知识呈现顺序、跨越单元知识领域的推理能力训练，大部分教师只用一两节专题课进行综合题的训练。该现象产生的原因主要源于教师缺乏对教材进行系统性的理解，孤立地认识教学内容，导致教学内容碎片化。知识之间的关联欠缺又导致学生无法形成知识之间的系统化、结构化。

大部分教师在数与代数部分只教运算，在几何与图形部分只教推理，在概率与统计部分只教数据分析，教师对知识教育价值的理解人为地割裂了数学核心素养的内部关联，把推理能力的培养单一化、题型化。这种设计缺乏数学知识之间的内在逻辑关联，导致课堂教学内容相对零散，学生很难建立起与已有知识经验之间的关联，学生很难真正把握学习数学和运用数学知识解决问题的一般方法。

2. 几何教学应兼顾形式化表达与逻辑思维的关系

教师从应试的角度出发，非常重视综合法的训练，不利于学生充分挖掘已有条件的价值。学生对图形整体的感知能力，对复杂数学问题的真实探究过程均缺乏正确的认识，很难形成对数学思维方式的正确理解。在学生的认识中，学习数学的目的就是用一些现有的定义、公式、法则、定理来运算、证明，至于对为什么用、怎么用，没有深刻理解。这说明教师对合情推理与演绎推理在培养学生数学思维能力方面的价值认识不清，教学的功利化思想太强。

3. 不同课型中推理能力的培养应遵循认知基本规律

课题组在典型课例研究基础上，总结出新授课中概念课、命题课、复习课等课型在推理能力培养方面的基本原则，即课堂教学设计应遵循先特殊后一般，先具体后抽象，先猜想后验证（论证），先感性后理性的原则。通过合情推理与演绎推理的自然融合，让学生体会数学家的数学发现的历程，学会如何去一般性地分析解决数学问题，在发展学生推理能力的同时，也发展学生的其他数学能力，以达到培养学生数学核心素养的目的。

4. 消除学生几何学习障碍的重要因素

形成学生几何学习障碍的因素很多，消除学生几何学习障碍既不是一蹴而就的，也不是仅靠教师就能够解决的。消除学生几何学习障碍的重要因素有以下几方面。

（1）问题设计的难度

问题设计的难度贴近学生学习的最近发展区则有利于学生积极思考，问题偏易或偏难都不利于学生推理能力的发展。

（2）学习方式的选择

学生独立思考有利于建立问题与原有知识经验之间的联系，独立思考后带着问题指向的交流有利于拓宽学生思路。

（3）推理方式的选择

先直观观察、动手实践、猜想结论再严谨论证，有利于让学生深刻体验数学问题的解决过程，进而发展学生的推理能力。尤其是在函数、几何综合题中从特殊到一般的归纳推理显得更为明显。

（4）分析问题方法的选择

在复杂问题的解决上，采取综合法与分析法相结合的方式比单一采用综合法或分析法要更有利于培养学生的推理能力。通过两种方法相结合进行分析，能够使得学生的思维时刻处于认知冲突的活跃状态，这种大脑积极活跃的状态，必然会刺激相应区域的脑神经的生长，进而逐渐改变其脑功能。

（5）科学合理的评价方式

教师适度的激励评价，有利于帮助学生树立信心，让学生在心情愉悦的状态下投入学习。这种有积极性的投入能够激发学生积极主动地思维，进而提高推理能力。

（6）推理能力培养的渗透

部分教师对各章知识的数学教育价值理解上有偏差，课堂教学过度突出单一技能的形成，反复机械刷题现象严重。课题实验校教师通过研究形成共识：各章知识、每课时教学都有数学能力的发展契机，关键在于教师是不是能够有意识地去设计数学活动，成为学生学习的促进者。

7　研究思考与展望

7.1　存在的主要问题

具体实施过程中研究的内容偏多，影响到了研究目标的落实；应基于学生视角优化课堂教学设计案例，并进一步进行深度分析；学生在几何学习水平上提升幅度不够明显。

7.2　后续展望

1. 从基础年级开始系统地进行学生数学学习障碍的消除研究

通过本课题的研究，要逐渐转变教师的教学观念和教学行为。初中各年级几何证明的教学忽视直观能力，重演绎推理能力的现象没有得到根本解决。从基础年级教师课堂教学的实际情况来看，表现更为突出，如基础年级的几何教学注重数学语言表达形式而轻分析的现象没有得到根本解决。

2. 进一步加强对各个领域中学生推理能力培养的研究

学生的数学学习障碍往往在各个领域均有体现，只是表现程度不同。教师教学中往往会人为地割裂数学核心素养内部之间的联系，如认为数与式部分教学只培养运算能力，图形与几何部分教学只培养推理能力，函数部分教学只培养几何直观与数学建模能力，统计部分教学只培养数据分析能力等。上述这些问题产生的主要根源在于教师缺乏从理论到实践的系统性培训，要改变这种现象就需要研修员在区级研修活动、教师在校本教研中均进行系统性研究。

总之，本课题通过理论研究、实践探索、推广应用在一定程度上提高了密云全区初中生的数学基础和学科学习能力，有效提升了教师的研究能力和专业素养。

参考文献

[1]　中华人民共和国教育部. 义务教育数学课程标准：2011 年版[M]. 北京：北京师范大学出版社，2012.
[2]　曹才翰，章建跃. 数学教育心理学[M]. 2 版. 北京：北京师范大学出版社，2006.
[3]　齐建芳. 学科教育心理学[M]. 北京：北京师范大学出版社，2012.
[4]　林崇德. 发展心理学[M]. 北京：人民教育出版社，1995.
[5]　喻平. 数学教育心理学[M]. 南宁：广西教育出版社，2008.
[6]　刘晓玫，王尚志. 数学课程中推理能力与创新意识的培养[J]. 数学通报，2008，47(11)：4-7.
[7]　波利亚. 数学与猜想：第二卷　合情推理模式[M]. 李心灿，王日爽，李志尧，译. 北京：科学出版社，1984.
[8]　连四清，方运加. "合情推理"辨析[J]课程. 教材. 教法，2012(5)：54-57.
[9]　周晓慧. 中学生数学学习障碍分析及解决策略[J]. 数学学习与研究，2017(14)：151.

第三节　工作室课题研究相关论文

示范画图思维过程，发展学生数学素养

北京市密云区教师研修学院　崔永学

摘要： 教师的示范性体现在教育教学各个方面。通过示范画图中的思维过程，有助于以画图为契机落实数学四基，创设深度学习的问题情境，发展学生高阶思维能力，培养学生严谨思维习惯，让学生感悟数学理性精神。

关键词： 示范性；思维过程；数学素养

众所周知，利用图形表征有助于分析问题、解决问题。在课堂教学中，学生画错图形类型、画不准图、画图慢的现象很普遍，这会严重影响到问题解决的效率和质量。究其原因，有学生画图习惯和思维障碍两个方面的问题。下面，侧重从思维障碍角度对问题进行分析并提出对策。

一、画图中的思维障碍分析

（一）数学概念不清

理解数学概念是画对图的基础。图伴随着学生学习的各个阶段，如平面图形、立体图形的直观图、几何体的三视图、统计图、函数图象、圆锥曲线等。就某类图而言，其外延可能是有多种类型的。学生画错图有看错条件或忽视限制条件的原因，也有对数学概念理解错误的原因。如平行四边形包括一般平行四边形和特殊平行四边形，具体画哪种图形要视具体条件而定。有的学生误认为可以用特殊代替一般，无形中增加了内涵的限制条件。

（二）画图原理不明

理解画图原理是画准图的基础。《义务教育数学课程标准（2011 年版）》中指出："课程内容不仅包括数学的结果，也包括数学结果的形成过程和蕴含的数学思想方法。"其实画图也是如此，不能只呈现图形结果，也要深刻理解图形生成过程中蕴含的道理。傅种孙先生曾说："几何之务不在知其然，而在知其所以然；不在知其所以然，而在知何由以知其所以然。"这句话也是在强调理解原理的重要性。满足条件的图形的存在性、唯一性问题蕴含着深刻的数学思想方法。

（三）画图方案不通

理解画图方案是画图快的基础。教师在画图时思考的问题会很复杂，如解决这个数学问题需要画什么图形？需要画示意图还是精确的图？用什么工具可以完成画图？要画的图形满足什么条件？是否存在其他情况的图形？上述问题是教师本人真实画图思考过程的揭示，是教师能够快速画图的原因之一，也是学生所缺乏的。

数学概念不清暴露出基础知识上的漏洞，画图原理不明暴露出数学思想方法上的问题，画图方案不通暴露出数学活动经验上的不足。学生的问题折射出教师在教学中存在的缺陷。课堂教学中，教师大多会重视对画图过程进行规范演示，却容易忽视对画图过程中真实思维的揭示。

二、解决画图思维障碍的对策

学生向师性和模仿性的心理特征决定了教师的劳动具有示范性。教师在画图过程中的思维方式、思维品质对学生画图能力的培养都具有重要影响。教师画图的示范性不能止于操作演示，更应注重思维角度的示范。下面以一个具体问题为例进行详细分析。

例题　在矩形 $ABCD$ 中，M，N，P，Q 分别为边 AB，BC，CD，DA 上的点（不与端点重合）。

对于任意矩形 ABCD，下面四个结论中，结论的正确序号是＿＿＿＿＿＿＿。

①存在无数个四边形 MNPQ 是平行四边形；

②存在无数个四边形 MNPQ 是矩形；

③存在无数个四边形 MNPQ 是菱形；

④至少存在一个四边形 MNPQ 是正方形。

本题涉及平行四边形、矩形、菱形、正方形的定义，判定定理和性质定理等知识，对学生画图能力、推理能力、分析问题、解决问题能力均有考查。

（一）重视画图任务的剖析

李邦河院士曾说："数学根本上是玩概念的，不是玩技巧的，技巧不足道也！"任何一个复杂的几何图形都可以看作是由若干个简单几何图形组合而成，这就需要准确理解关于几何图形概念的内涵。教师可以结合画图任务中涉及的相关概念，引导学生进行简要回顾或重点剖析。

学生审题时常见错误有以下两种。

第一种，将矩形 ABCD 特殊化为正方形（见图 1），由此认为例题中的①②③④均正确。事实上，①②③是对于任意矩形均成立，④只有在矩形 ABCD 是正方形时才成立。学生的错误既暴露出对"任意矩形"概念的错误理解，也暴露出对合情推理的认识不足。

第二种，认为多个就是无数个。要想解释清楚为什么存在无数个符合条件的图形，就需要抽象出图形所满足的共性几何特征及存在无数个的真正原因是什么。

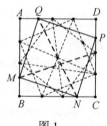

图 1

针对上述错误，教师可以抛出如下系列问题：本题涉及哪些概念？这些概念之间的联系是什么？如何理解对任意矩形 ABCD 中的"任意"的限制条件？如何理解存在无数个四边形 MNPQ 是平行四边形、矩形或菱形中的"无数个"这一概念？

在问题驱动下学生分析画图任务中涉及的数学概念，唤醒对平行四边形、矩形、菱形、正方形等相关数学概念的回忆；通过对"存在""任意""无数"等关键词的分析，为准确画图、正确推断奠定基础。

理解数学概念需要循序渐进的过程，这不是一节概念课能够解决的问题，在分析画图任务的具体数学情境中审视相关概念，不仅有助于准确画图，更有助于加深对概念本质的理解，加深对概念之间联系的认识，潜移默化地实现知识的系统化和结构化，进而提高学生的数学素养。

（二）重视画图工具的比较

直尺、三角板、量角器、圆规等工具都可以作为画图工具。画图工具的选择主要取决于图形的规范性要求和画图工具本身的功能。

下面对题目中画图工具的选择进行具体分析。

任务1：画任意矩形 *ABCD*。

可以根据"有三个内角是直角的四边形是矩形"画出矩形的示意图（见图2），这里选择直尺即可。也可以根据"圆的两条直径相等且互相平分""对角线互相平分且相等的四边形是矩形"，用尺规作图画出矩形（见图3）。

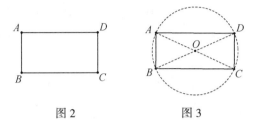

图2　　　　　　　　　　图3

任务2：画例题①中平行四边形。

如图4所示，当 *MP*、*NQ* 同时过矩形中心 *O* 时（以下任务3、4、5中 *MP*、*NQ* 均满足该条件），可证四边形 *MNPQ* 为平行四边形，用直尺即可完成该画图任务。

任务3：画例题②中矩形。

如图5所示，当 *MP* = *NQ* 时，可证四边形 *MNPQ* 为矩形。其中，*MP* = *NQ* 用尺规作图可以规范画出，用直尺不断旋转调整有可能画出近似的示意图，但是很困难。

任务4：画例题③中菱形。

如图6所示，当 *MP* ⊥ *NQ* 时，可证四边形 *MNPQ* 为菱形。*MP* ⊥ *NQ* 可以直接用直尺近似地画出，也可以用尺规作图规范地画出。

任务5：画例题④中正方形。

如图7所示，通过用直尺画运动变化的示意图，可以观察总有 *MP* ≠ *NQ*。可以初步判断对于两条邻边不相等的矩形，不存在符合题意的正方形。

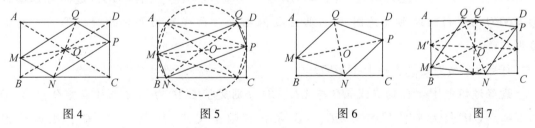

图4　　　　　　　　图5　　　　　　　　图6　　　　　　　　图7

上面画图过程中涉及特殊位置关系和数量关系，用尺规规范作图或用直尺画示意图均可解决。从思维量上，运用尺规作图需要学生有更多的知识储备，要求对尺规作图公法和特殊四边形判定性质有着比较深刻的理解。

（三）重视图形特征的分析

根据问题的具体情况往往需要画出不同精确程度的图，如示意图、简图、相对规范的图等。由于画图工具的局限性，有些图形无法通过尺规作图精确画出。根据问题的具体情况，有时图形也不必都需要规范作图。

当对图形中比例关系要求不够严格时，只需要画出示意图，起到直观的作用，辅助解决问题即可。当条件中明确长度、角度、坐标、数量关系、位置关系、变换关系等信息时，画图准确性对几何直观、数学直觉、发现数学结论会有重要影响，此时应规范画图以准确揭示条件。

例题①中画示意图即可，但例题②③④则相对需要精确。①中当 MP、NQ 经过矩形的中心 O 时，可证四边形 $MNPQ$ 为平行四边形。②③④可以在①的基础上，调整两条对角线的数量关系、位置关系以满足矩形、菱形或正方形的几何条件。②中需要满足 $NQ=MP$，③中需要满足 $NQ \perp MP$，④中需要满足 $NQ=MP$ 且 $NQ \perp MP$。要满足线段相等、垂直的特殊关系，就对画图精确性的要求较高，似是而非的画图会影响到后续判断的正确性。

（四）重视画图原理的解释

画图不能只停留在画出图形的层次上，更应深入思考隐藏在图形背后的画图原理。不论是规范作图还是画示意图，都应先思考图形满足的条件，即与"形"相对应的"数"的本质特征。这个思考过程，既是对相关数学概念、定理、推论等知识进行提取的过程，也是应用数学知识解决具体问题的过程。

下面对题目中的图形画法举例进行原理简析（以下仅是诸多画法中的一种）。

任务 6：画矩形 $ABCD$（$AB \neq BC$）。

任作 $\odot O$ 的两条直径 AC，BD，其中 AC 与 BD 不垂直，连接 AB、BC、CD、DA，则四边形 $ABCD$ 为矩形（见图 3）。其依据是对角线互相平分且相等的四边形为矩形。

任务 7：画例题①中平行四边形 $MNPQ$。

过矩形中心 O 任作两条相交直线分别与 AB、BC、CD、DA 交于点 M、N、P、Q（不与端点重合）。通过证明 $\triangle OMN \cong \triangle OPQ$，可证 $OM=OP$，$ON=OQ$，进而可证四边形 $MNPQ$ 为平行四边形（见图 4）。其主要依据是对角线互相平分的四边形为平行四边形。

任务 8：画例题②中矩形 $MNPQ$。

设经过矩形中心 O 的直线 MP 与 AB、CD 分别交于点 M、P（不与端点重合），以 O 为圆心，OM 长为半径作弧与 BC、AD 分别有两个交点 N、N_1、Q、Q_1，则四边形 $MNPQ$、MN_1PQ_1 均为矩形（见图 8）。其主要依据是对角线相等的平行四边形为矩形。

任务 9：画例题③中菱形 $MNPQ$。

设经过矩形中心 O 的直线 MP 与 AB、CD 分别交于点 M、P（不与端点重合）。作 MP 的垂直平分线与 AD 交于点 Q，与 BC 交于点 N，则四边形 $MNPQ$ 为菱形（见图 6）。其主要依据是对角线互相垂直的平行四边形为菱形。

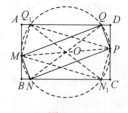

图 8

任务 10：画例题④图中正方形 $MNPQ$。

该正方形需要同时满足两个条件 $MP \perp NQ$，$MP = NQ$，事实上这样的正方形不存在（见图 7）。

分析：若 M 为 AB 中点，则可证 Q 为 AD 中点，当四边形 $MNPQ$ 为正方形时，有 $OM = OQ$，则可证矩形 $ABCD$ 为正方形，与矩形的任意性矛盾。若 M 不是 AB 中点，分别过 O 作 $OM' \perp AB$，$OQ' \perp AD$，垂足分别为 M'、Q'，则可证 $OM' = OQ'$，进而可证矩形 $ABCD$ 为正方形，也与已知矩形的任意性矛盾。

当然，学生也可能有其他考虑方法。在例题中，如解决①时考虑"一组对边平行且相等的四边形是平行四边形"，先作线段 MN，再通过平移运动也能得到符合题意的 PQ，但操作起来比较麻烦，且准确性难以保证；解决②时考虑"有三个角是直角的四边形是矩形"，先作 $\angle MNP = 90°$，但是点 N 关于直线 MP 的对称点不一定在 AD 上；解决③时，考虑"有一组邻边相等的平行四边形叫菱形"，欲作两条线段相等，还是要回归到作线段垂直平分线上。

以上在分析例题①②③④中图形存在性问题时，重点从两条对角线满足几何条件而设计画图方案，以"对角线互相平分的四边形是平行四边形"为基础，通过改变两条对角线的数量关系、位置关系得到不同的特殊平行四边形，其中④的分析中还用到了反证法。不难发现，在探寻图形存在性问题时的思维过程是非常复杂的，其蕴含着丰富的几何证明推理和解决问题策略的选择。

（五）重视数学思想的渗透

符合题意的图形可能不存在，可能唯一存在，也可能有无穷多。当画出一种情形时，有必要深入思考是否还有其他情形。"还可以怎么画"本质上是在探究图形运动变化过程中是否存在不同类的情况。这有助于理解图形运动变化中隐含的不变规律，有助于培养学生分类讨论的意识。

问题中对四种特殊四边形存在性的讨论本质是对 MP 与 NQ 的数量关系与位置关系的讨论。在矩形 $ABCD$ 中，当 $AB \neq BC$ 时，对 AB 上的任意点 M（不与端点重合），总存在无穷多的平行四边形与之对应，总存在两个矩形与之对应，总存在一个菱形与之对应，不存在符合题意的正方形。当点 M 在 AB 上运动时，上述结论不变。由于点 M 有无穷多，故此符合题意的平行四边形、矩形、菱形也有无穷多。

从是否存在到是否唯一，从有限到无限的探究过程，有对同类几何图形满足几何条件的不变性思考，也有对图形运动过程中的分类讨论。

三、相关思考

（一）画图操作需要问题驱动思维

波利亚认为数学教育的根本宗旨是教会年轻人思考。通过画图不仅可以锻炼学生动手操作的能力，还能培养学生几何直观、数学直觉、逻辑推理等能力，让学生养成严谨的思维习惯、科学的学习态度，进而感受理性思维。画图不能仅仅止于简单操作，还要引发学生深度的思考，用深刻的问题来驱动思维。

（二）画图能力需要循序渐进培养

尽管画图过程很短，但其中蕴含的数学思想却很丰富。思考速度从慢到快、思考方式从模仿到自主是一个量变引起质变的过程。画图能力的培养需要教师必要的示范，而学生良好的操作习惯和思维习惯则需要不断实践才能形成。

（三）画图、识图、用图应紧密结合

画图是解决问题的手段，不是最终目的。通过主动画图可以丰富问题多元表征，发挥图形直观作用，有助于将抽象数学问题具象化，以便寻找到解决问题的突破口。故此，画图、识图、用图应当紧密结合，只有当学生真正意识到图形在解决问题中的重要性，才会逐渐把"让我画"变为"我要画"，逐步提升主动画图意识。

（四）设计画图具有更广泛的应用价值

如特殊四边形单元的知识梳理，一般多以填空或以题带点的方式进行，学生很难深入理解数学知识的应用价值。通过限制使用作图工具完成特殊四边形的作图，学生可以主动联想相关判断方法来设计作图方案，在探究活动中构建知识间的关联，这样更有助于实现知识的系统化和结构化。

四、结语

史宁中先生认为，基于"四基"的数学教学就是基于数学核心素养的数学教学。透析画图中的思维过程，教授学生解决问题的思路和方法，无疑就是在落实数学四基、发展数学素养。同时，教师也将在示范数学思考的过程中，逐渐从"教书、教学生"走向"教学生学"，同时，学生收获的也不只是知识，还有解决具体问题的思想方法和数学教师身上的科学态度和理性精神。

参考文献

[1] 中华人民共和国教育部．义务教育数学课程标准：2011 年版［M］．北京：北京师范大学出版社，2012.

[2] 张彩云，代钦．傅种孙几何作图思想探析：纪念傅种孙先生诞辰 120 周年［J］．数学通报，2019，58（1）：1-7，40.

[3] 李邦河．数的概念的发展［J］．数学通报，2009，48（8）：1-3，9.

[4] 闻婷婷．关于数学画图工具多样性的思考［J］．小学科学（教师版），2014（11）：67-68.

[5] 陈丹凤．初中数学教学中画图活动的价值［J］．数学大世界（中旬），2016（5）：63.

"初中数学几何教学教法"一体化教研的实践

北京市密云区教师研修学院　郭　喆

摘要：教学质量的提高，关键在于教师。在教师专业发展有新要求的形势下，传统的教师研修已不能满足教师继续学习和提升教学能力的需求。目前，我区大力推进教师研修活动转型及网络教研，由"一人讲"向"大家言"的研修方式转变，活动形式不断更新，内容不断丰富，使其更加符合教师们成长的需求。本案例借助中考"四边形专项"的专题研究，对初中数学教师"四边形"的教学及教法进行探索和分析，通过线上线下一体化的研修模式，开展提升教师教学设计和课堂教学能力的区域研修活动，以期提高培训的效率，促进教师专业能力的发展，从而有效带动初中生几何问题解决能力的提高。

关键词：教研转型；几何教学；教师发展

"十三五"期间，教育部全面启动了以核心素养为中心的课程改革，实施核心素养导向的教学改革、加强学校课程建设研究、推进信息技术与教学教研的融合、推动考试评价政策制度落地。以上内容越来越成为中小学教学教研工作的热点和焦点，在教研过程中，坚持以提升区域教育质量和教师队伍素质为根本。根据我区教师研修学院继续开展研修方式转型及网络教研的研究要求，以数学中考为背景，结合我区的数学教学和学生学习现状，我在教研活动中提出了"线下与线上教研一体化"的研修理念，意在深化教育教学改革，促进教师专业发展，有效提升我区中学教育教学质量。

一、基于问题，寻求线下教研新策略

为了使研修工作落到实处，让老师们真切地感受到研修的针对性和实效性，必须先找准问题的关键。只有针对问题进行研修才能对症下药。在我区大力推进研修方式转型的过程中，教师们从以往的听逐渐向体验、参与、探讨的形式转变，在此过程中也暴露出了一系列问题：其一，教师课标研读不够，教师对课标理念及每一知识要素的要求把握不准，对知识的整体体系没有进行深入思考，导致碎片式教学；其二，教师解题技能不足，存在教师不明确中考命题方向、综合题不会解、考虑问题不全面、计算不准确等现象；其三，教师教学缺乏对问题和活动的设计，不利于培养学生自主学习和合作探究的意识和能力。

基于以上问题，为弥补不足，笔者摸索出了一套"真题演练—反思问题—研读课标—研讨教法"的教师研修思路。这样做的目的有三个方面：第一，通过真题演练，使教师时刻关注中考命题方向，把握重点，提高教师在基础年级落实中考基本考点的大局观意识；第二，在解题训练中提高教师解题技能，在自身错误中发现问题、反思教学、改进教法；第三，在研修活动中，将以往"一人讲"模式转变为大家"一起学"模式，在任务的驱动下，使教师主动参与课标学习和教材使用，从而促进教法和研修质量的提升。

二、注重实效，实现教研方式新突破

在针对"四边形"章节的教学开展教研活动时，我借助初二年级"平行四边形及特殊的平行四边形"的教学内容，针对数学中考"四边形专项"的命题特点进行分析，不断引导教师对四边形的教学教法和中考思维的渗透进行探讨交流。教研活动过程如下。

（一）教师真题演练，体会命题特点

例题（2018 年中考）如图 1 所示，在四边形 $ABCD$ 中，$AB/\!/DC$，$AB = AD$，对角线 AC、BD 交于点 O，AC 平分 $\angle BAD$，过点 C 作 $CE \perp AB$ 交 AB 的延长线于点 E，连接 OE。

（1）求证：四边形 $ABCD$ 是菱形；

（2）若 $AB = \sqrt{5}$，$BD = 2$，求 OE 的长。

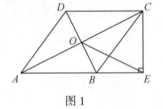

图 1

（二）教师交流研讨，罗列知识要素

所有教师独立求解之后，由部分青年教师展示本题的不同解法，其他教师交流补充。在这个过程中，每交流一种新的解法，也就给其他教师提供了一种新的解题思路。教师由此联想到自身课堂教学应如何培养学生的分析和推理能力，应如何给学生以思考、展示、交流、获得的机会。教师们如能够结合这一活动换位思考，可以逐步扭转教师"一言堂"的教学弊端，也可以感受不同解法蕴含的不同思路及知识要素。结合这一活动，教师们能初步感受到自身教学过程中存在的不足，增强改进教学的意识，进而了解学生几何学习的障碍所在。本题所有解法蕴含的知识要素如下：

①两直线平行，内错角相等；

②角平分线定义；

③等量代换；

④等角对等边；

⑤一组对边平行且相等的四边形是平行四边形；

⑥一组邻边相等的平行四边形是菱形；

⑦菱形的对角线互相垂直且互相平分；

⑧线段中点定义；

⑨垂直定义；

⑩勾股定理；

⑪三角形的中线；

⑫直角三角形斜边上的中线等于斜边的一半；

⑬全等三角形的判定与性质；

⑭对角线互相平分的四边形是平行四边形；

⑮对角线互相垂直的平行四边形是菱形；

⑯三角形中位线定义；

⑰三角形中位线平行于第三边；

⑱平行线的性质；

⑲线段垂直平分线定义；

⑳线段垂直平分线性质定理。

（三）根据思路方法，构建结构框架

教师将活动中对例题不同解法的认识和理解进行梳理总结，以"结构图"的形式呈现（见图2）。教师反思学生在解决四边形问题中出现的"不会看、不会证、不会添"的学习现状，从而发现自身在教学中存在的问题，明确几何教学应突出学生自主画图、分析、探究、推理的意识。

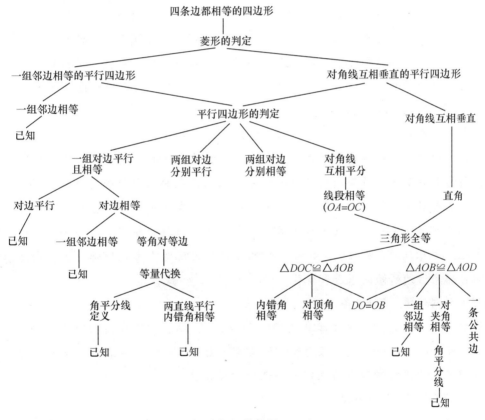

图2　结构图

（四）结合章节教学，探讨教学教法

在活动中，教师不仅自身把握了四边形在中考中的常考形式，明确了命题特点，也在梳理知识要素和建构结构框架的过程中，体会了四边形学习给学生带来的思维障碍及教学难点。老师们针对"四边形"章节中的"平行四边形性质的应用"教学设计案例，带着问题进行了小组研讨活动。具体问题如下。

①独立审阅教学设计，尝试解题，初步感受其中打算落实的教学内容。

②审阅教学目标及重难点，提出存在的问题。

③给出教学目标及重难点的修改意见。

在这一活动中，教师们踊跃发言，发现了案例中存在的许多问题，并提出了针对性非常强的教学改进建议。所有教师进一步明确了在几何教学中，应如何有效制订教学目标，应如何把握教学重难点，如何设计有效的学生探究活动或问题串来引导学生进行实际操作、独立思考、分析和推理。通过研读课标、研磨教材，教师们初步确定"平行四边形性质的应用"这一课时的教学目标：在落实基础知识与基本技能的基础上，重视对学生画图分析、实践操作等动手能力及推理能力的培养与落实，同时渗透数形结合、分类讨论等数学思想方法，进而达到积累活动经验，提升学生学习能力的目的。

三、网络延伸，构建线下线上一体化

网络研修具有开放性、灵活性、多元性的特点，其以区域为单位，以网络学习平台为技术支撑，组织教师进行网络学习与培训，可以有效弥补线下研修的局限性。为继续保持教研温度，促进教师课堂落实，继"四边形"线下教研之后，我又持续跟进了一系列线上网络研修活动，以便真正助力教师专业化发展。具体线上活动设计如下。

（一）课程推进，确定内容

首先借助教育云平台，开设初中数学教师网络学习研训一体课程——"浅析以全等为背景的几何综合题解题策略及教法建议"，使教师进一步了解当前新中考形势下的几何综合题的考查现状，结合我区考试数据分析学生存在的问题，进行教学反思，找准问题根源，改进教法，促进全区区域教学质量的提升。在这一背景下，教师共同探讨确定初二年级几何教学主题——线上线下多种形式开展几何教学研究，希望借助这一教学内容的实施，提升教师开放性教学活动设计的能力，为落实中考几何部分考查内容奠定基础，同时确保后续研修的跟进和优化。

（二）针对选题，完成初备

基于《义务教育数学课程标准（2011年版）》，结合学情分析和教学前测数据，围绕教学内容，以教师个人主动探索和设计为主，由初二年级青年教师张某某作为主备和主讲教师完成"平行四边形的判定"一课的初稿设计。

（三）精心打磨，协同备课

结合张老师"平行四边形的判定"一课的初稿设计，组成初二年级青年数学教师研讨小组，分别通过网络平台线上协同备课、线下团队研讨的形式展开研修活动。参与研修活动的青年数学教师各抒己见、畅所欲言，先后修改教学设计5次有余，使所有参与活动的青年数学教师能力得以快速提升，逐步形成教育教学与研究学习一体化的研修方式。

（四）网络议课，区域联动

张老师根据反复修改后的教学设计，完成课堂实录，并上传至教育云平台，全区初二年级数学教师进行网络课例观摩活动，并将自己在观摩过程中的体会、感受、建议，在云平台上进行交流。教师们的互相借鉴学习，促进了青年教师的整体发展。同时，在网络议课之后，张老师将本课所有相关资源上传至教育云平台实现共享。

这一研修活动以线上线下混合教研为抓手，在教材分析、教法改进、协同备课、视频课例点评部分，不同学校的老师可以实时交流看法，提出疑惑和建议。通过阶段性活动的开展，有助于汇聚研修智慧，促进优质课堂和优质资源的生成，促进不同层次的校间互动，从而真正达到提升我区初中数学教师专业发展的目的。

虽然这一初中数学几何教学教法"线下与线上一体化教研"的方式还需要不断改进，但越来越多的老师已认可这一教研方式，并逐步体会到这一方式所显现出的优势及效果。相信随着教师个人专业能力的提高，必定会为学生的终生发展奠定认知基础、积累活动经验、优化思维品质和拓宽数学视野，让数学的核心素养在我们的课堂落地生根。

浅析图形变换在初中几何教学中的应用

密云区第五中学　于江茹

摘要：初中平面几何是学生第一次系统地学习平面几何知识，对学生的认知有一定的要求，是初中数学教学的难点之一。而在初中阶段整个的几何教学中，图形变换又是难点中的难点。本文将从几个方面谈谈图形变换在初中几何教学中的应用。

关键词：图形变换；初中几何；教学；应用

初中几何教学一直是初中数学的教学难点，一方面，和学生学习的能力有关，毕竟第一次系统地学习几何知识，学生需要有一定的适应能力。另一方面，初中几何是以图形为基础，需要学生有一定的推理能力，同时还需要有图形语言、符号语言、文字语言随时转换的能力。这些对学生而言是双重的考验，同时也是双重的难点。本文将从几个方面浅析图形变换在初中几何教学中的应用。

一、利用图形变换，培养学生多角度思考问题的能力

图形变换是从图形运动的角度去观察图形，具有灵活的变化特性。有助学生从不同角度掌握图形的特征，培养学生多角度思考问题的能力。

在设计平行四边形这节课时，可以从图形变换的角度去认识平行四边形的形成过程。以下活动的设计将一步一步引导学生从不同的角度去认识四边形的形成过程，进而对平行四边的性质有更深刻的认识。

活动1：现有若干全等的三角形，你能利用这些三角形，拼成几个形状大小不一样

的平行四边形吗？

　　活动2：现在只有一个三角形，你能利用平移旋转或是轴对称，画出一个平行四边形吗？

　　活动3：平行四边形还可以看成是哪些图形经过哪些图形变换而形成的？

　　这三个活动的难度是逐步加深的，从初步地感知平行四边形是由两个全等三角形组成的图形，到可以把平行四边形看成是一些基本的图形通过平移或是旋转而形成的图形。图形变换在平行四边形的认识中，起到了从不同角度去看待一个熟悉的图形的作用，这有助于学生从多角度、多方面掌握图形的结构特征，进而培养学生多角度思维和空间思维的能力。

二、利用图形变换的性质进行教学，提高学生认识平面几何的高度

　　对于一些基本的图形，可以在教学设计中加入图形变化的元素去认识本来就简单的图形，或是简单的概念。

　　在全等三角形这节课的教学设计中，可以设计如下的活动来从不同的角度去认识全等三角形。

　　活动1：利用自己手中的已有三角形，用剪刀、笔、直尺等工具做一个和手中已有三角形相同的三角形。

　　活动2：利用手中两个大小一样的三角形，通过平移、旋转、轴对称摆出一个其他的图形。

　　活动3：在学案上画出你所摆出的图形（遮挡部分要画出三角形的边）。

　　活动4：你还能再摆一摆，再画一画吗？看谁画出的图形多？

　　在这个教学的过程中，学生能从活动中感知全等三角形实质是由一个三角形通过平移、旋转、轴对称这些图形变换而来的，把原本静止的图形看成是一个生动的图形生成过程。

三、加强图形变换的画图能力，增强学生的直观感受和推理能力

　　在图形变换的讲解过程中，除了基本的定义讲解，基本的元素识别，还应加强学生画图能力的培养。学生通过动手操作真实的图形变换，能在直观上感受到图形的对称、平移、旋转的性质，在探究中形成平面几何图形的动态印象，从而增强空间想象力和图形推理能力。

　　在讲解完平移概念和平移识别之后，就要涉及关于平移的画图部分的内容。首先，学生能在网格中画出平移后的图形；其次，学生能够根据题目要求准确画出平移后的图形（关注平移距离、平移方向）；最后，根据题意可以在复杂的图形中画平移后的图形。图形变换的教学需要在不同阶段的教学中不断地被渗透、被加强。

四、图形变换训练，有助于提高学生的思维灵活性

　　在几何综合题中，已知条件往往比较复杂而分散，要搞清这些关系才能为下一步的

结论和判断提供依据，这里可以用图形变换使题目中的已知条件集中起来，使复杂的条件变得有条理，变得可用，甚至还可能挖掘出题目的隐含条件。通过图形变换，找出题目中数量的变化关系和规律，使题目得以解决。

例题：已知如右图所示，△ABC 是正三角形，D 是三角形内一点，DA = 5，DB = 3，DC = 4。求∠BDC 的度数。

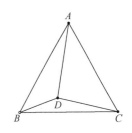

由题意可知，题目涉及正三角形，那么正三角形的许多性质就可以转换为已知条件，用来辅助证明。题目要求角的度数，可以让学生大胆猜测，然后测量验证，最后去证明。本题中条件分散，但是给出的一组数据是勾股数，那么要利用这组勾股数，就需要把条件集中到一个三角形中，这样本题就转化为相等线段的转移，而相等线段的转移就用到了全等三角形或其他证明线段相等的方法。想到利用全等，但图形中又没有全等的三角形，这时就会想到添加辅助线，进而想到用旋转、轴对称、平移等图形变换的知识来完成。将△ABD 以点 B 为旋转中心，顺时针旋转60°，或是将△BDC 以点 B 为旋转中心逆时针旋转60°，再结合直角三角形勾股定理，题目就可以得以解决。

总之，在初中平面几何教学中，让学生认识各种图形变换的模式，并配合实际操作，从不同的角度带领学生学习平面几何，这样不仅能让学生站在运动变换的角度去学习平面几何，还能有助于学生建立起对图形世界的美妙认识。

参考文献

[1] 王任. 模型教学对于初中几何数学教学的意义[J]. 山西青年，2013(24)：62.

[2] 李守霞. 初中数学几何教学中运用模型教学研究[J]. 中国校外教育（中旬刊），2015(5)：111.

[3] 吴长福. 浅谈初中几何教学[J]. 黔东南民族师专学报，1999，17(6)：74-75.

例谈初中数学教学几何直观能力的培养

密云区高岭学校 孙芳雪

摘要： 几何直观可以帮助学生直观地理解数学，在整个数学学习过程中都发挥着重要作用。培养学生的几何直观思维，可以帮助学生解决数学学习过程中遇到的复杂问题或对抽象思维要求较高的问题，提升学生理性分析问题的能力，培养学生的核心素养。如何培养学生的几何直观思维，值得我们去研究学习。

关键词： 数学教学；几何直观；策略分析

几何直观主要是指利用图形描述和分析问题。对学生而言，几何直观是学生建构数学的重要手段和方法，借助几何直观可以把复杂的数学问题变得简明、形象，有助于探索解决问题的思路、预测结果。直观想象是数学核心素养六个组成要素之一，对于教师而言，几何直观不仅是一种手段，也是一种教学目标。因此，在初中数学教学中培养学生几何直观能力有着重要的意义，作为初中数学教师，一定要加以重视。在平时的教学中教师应该有意识地对学生进行引导，全面地提升学生的几何直观能力，使学生的数学思维能力得到提升。

一、初中教师几何教学的问题分析

1. 注重练习，缺少过程

几何教学不同于一般的数学教学，它需要学生具有一定的抽象思维能力，以及空间想象能力。因此，教师首先应当引导学生形成几何思维能力。但是，在实际的教学中，许多教师将重点放在大量的练习和讲解上，认为学生多做题，就能慢慢领悟几何学习的一般规律。实际上，这样的教学思路不但教学效率低，而且学生的能力也提升较慢。比如，在学习全等三角形的概念时，教师在直接给出全等三角形、对应边、对应角、对应线段的概念后，就直接练习，但许多学生在图形变换后，找不到对应边、对应角，如此反而影响后面的学习。教师应让学生经历图形翻折、平移、旋转的过程，理解全等三角形的形成过程，在脑中形成几何变换过程，从而培养学生几何直观的能力。

2. 滥用直观，忽视合理

我们培养学生几何直观是为了让学生利用直观的方法获得抽象思维，但实际上会出现以下的情况。

①学生被一些直观的教具束缚了思维。

②教师让学生探究一些已知或显而易见的结论。

因此，直观手段需要合理使用，这样才能促进学生能力发展，切勿为了直观而直观。

3. 误差干扰，影响直观

在几何教学中，教师画图不规范，学生画图不够准确，讨论的时候过于片面等问题都会影响到学生思考的方式，因此，在利用几何直观引导学生学习的时候，教师应注意尽可能避免误差的干扰。

二、培养学生几何直观能力的策略分析

1. 培养识图能力

（1）借助实物，直观体验

在数学教学中，常有一些抽象的数学概念、数学问题不容易被理解。针对这样的情况，教师在教学中可以用多媒体演示或者实物图片等方式帮助学生理解和记忆。尤其是当几何中涉及一些动态变化的内容时，就更应该借助动画效果来呈现过程，这样更有助于拓展学生的空间想象力。

（2）注重实践，增强体验

在几何教学中，学生常会很难想象出图形变化的过程。这是因为几何能力不是单纯建立在观察基础上的，而是要有图形实践的体验。因此，在教学中，教师要让学生自己

动手操作，亲自体验和感受图形的运动和变化，这样才能有效地提升学生的几何直观水平。课堂上可以设计剪纸、拼图、折纸、画图等活动，如此，不仅增加了学生的学习兴趣，还能促进学生几何直观能力的发展。

（3）联系生活，强化直观

数学源于生活，教学中应该充分利用生活中的数学元素，将数学问题生活化，充分利用生活中的数学图形和逻辑，让学生进行分析，体验从实物模型到数学模型的抽象过程，逐渐形成几何直观思维，避免机械地学习。比如，在学习"平行四边形的性质"这一节时，让学生联想学校的伸缩门、庭院的竹篱笆、停车位（斜向）的轮廓线等，由此创设情境，引导学生从直观思维出发，探索所涉及图形的共同特点，进而提出问题：这些图形是什么图形？它们有什么特殊性？教学中增加与生活的联系也是培养几何直观能力的手段之一。

2. 培养作图能力

（1）注重图感训练

学生对图形的感知能力不是一蹴而就的，而是要靠平时的点滴积累。在学生开始几何学习后，教师就要整体规划，将难点分解到每一阶段的学习，逐步帮助学生养成读图画图的习惯。可以通过多种手段，让学生认识到画图给自己解题带来的益处，激发学生的学习兴趣，促使其主动探索问题。如从初一开始就培养学生图形、文字还有符号语言之间转化的能力，从简单的定义、定理开始，逐渐过渡到复杂的问题，将题中所给信息一字一句地转化为图形语言和符号语言。

（2）注重基本图形积累

针对学生学几何难的问题，可能有两个原因：一是基础知识不够扎实，不能整合题中的有效信息；二是对于复杂图形无从下手，不能将图形分解。几何上的基本图形是几何问题的重要载体，许多几何问题初看无从下手，但如能将图形分解，解题思路就会豁然开朗。因此，教学中，教师应引导学生深入了解和研究基本图形的性质，培养学生分解图形，应用基本图形性质解决问题的能力。如在相似三角形的学习中，可以让学生积累如图1所示的这些基本图形，在研究这些图形性质的基础上，引导学生尝试解决一些复杂问题，发现复杂图形里的基本图形。基本图形也是发展学生几何直观能力和借助几何直观进行推理论证能力的重要媒介。

3. 培养用图能力

（1）及时鼓励，增强信心

学生对几何学习存在畏难情绪，教师在平时的教学中要多鼓励学生大胆地进行思考，敢于尝试。教师要有效利用表扬，减少学生对几何题的恐惧心理。

（2）设置问题，充分思考

在课堂教学中，教师可以通过设置问题串，给学生充足的思考空间，让学生从问题

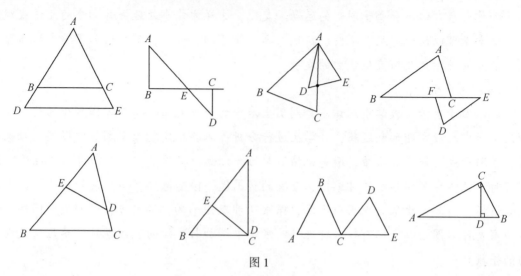

图1

的分析中得到下一个问题的线索，逐步构建探究性思维。通过教师的提问，让学生学会面对一个几何问题应如何进行分析，如何寻找解题的方法，进而培养学生的图形分析能力，有效地提高学生的几何直观能力。

（3）精选习题，提升能力

在平时的教学中，教师要依据所讲解的内容，精选习题，让学生能够体会到用图解题的益处，并通过不断练习来巩固方法，提升几何直观能力。

基于以上分析，几何直观能力的形成就是首先通过具体的模型或情境激发学生的感性认识，调动学生已有的认知经验；然后用新知来锻炼学生的作图意识，让其在动手操作过程中亲自体验和感受图形的运动和变化；最后通过问题串的设置，激发学生的理性思维。从知识的引入到讲解，再到巩固提升，一步一步来培养学生的几何直观能力。

三、教学案例展示

教学过程中，采用几何直观进行研究的主体应该是学生，教师应该结合学生的认识特点进行教学设计，启发学生思考，鼓励学生主动猜想，并进一步验证猜想，让学生全方位参与到知识的发生和发展过程中。下面以"圆周角"为例，探讨上述理论在教学中的应用。

1. 创设情境，引入新知

因为数学源于生活，所以越贴近生活，学生运用和理解起来才越直观。

好的题目可以唤醒学生头脑中对一些图形的记忆和理解，激发学生感性直观的认识。在此举例说明。

例1　足球训练场上，教练在球门前画了一个圆圈来进行无人防守的射门训练。如图2所示，甲、乙两名运动员分别位于这个圆上的C、D两点，他们争论不休，都说自己的位置射门好，如果你是教练请点评他们的说法。

图2

2. 感悟图形，形成概念

引导学生把实际问题抽象成数学问题。用以下问题串引入圆周角的概念：对比上节课学习的圆心角，观察这两个角有什么特点？你能类比圆心角的定义，给圆周角下定义吗？

通过与已有知识圆心角进行类比，学生会更容易理解圆周角的概念，通过图形的辨析，准确理解圆周角与圆的位置关系，强化直观认识。

3. 观察分类，化归验证

在这一阶段，分三个环节完成定理的猜想与证明。

（1）启发思维

活动一：给定圆上两点 B、C，让学生画出过两点的圆周角和圆心角，然后小组内观察所画圆心角和圆周角是否相同，思考同一条弧所对的圆心角和圆周角各有多少个。

活动二：在活动一的基础上让大家展示所画的图形，结合几何画板演示，分析圆心与圆周角的位置关系，并将所画图形分类。

（2）动手实践

活动三：小组之间协同合作测量每一种方案图形中圆心角和圆周角的大小，分析两者的大小关系，讨论并做出猜想。

（3）领悟归纳

在教师的引导下，通过小组讨论，完成对猜想的证明，并完成定理的数学语言、文字语言和符号语言的转化。

在上述过程中，学生以自己已有的认识作为起点，同时以小组学习为平台，在相互协作中完成画图、分类、测量，形成初步的猜想，教师则鼓励学生在展示和讨论中汇总认识。这样就丰富了学生对基础图形的积累，将复杂的问题变得直观化，帮助学生建立对几何直观的重视。同时，让学生组织自己的语言，完成三种语言的转化，加深对定理的理解。著名数学家徐利治曾经表达过喜欢直观的数学，他认为只要把定理的直观含义和证明方法的直观思路搞清楚、弄明白，就意味着真正掌握了。学生的几何直观是探究活动的基础。

4. 巩固新知，深化定理

习题 1　如图 3 所示，在 $\odot O$ 中，$\angle AOB = 70°$，则 $\angle ACB = $ _____。

习题 2　已知 A、B 是 $\odot O$ 上的两点，C 是圆 O 上不与 A、B 重合的任意一点，$\angle AOB = 70°$，则 $\angle ACB = $ _____。

习题 3　如图 4 所示，在 $\odot O$ 中，$\angle CBD = 30°$，$\angle BDC = 20°$，则 $\angle A = $ _____。

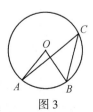

图 3

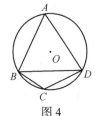

图 4

教师先通过简单的习题1，巩固定理，再通过习题2和习题3进行提高。习题2要求学生根据点 C 的不同位置分类计算，习题3要求学生作辅助线，构造圆心角。通过巩固练习，让学生在对圆周角定义及定理的理解基础上，应用新知解决问题，运用几何直观巩固认知。

5. 呼应开头，课堂小结

在学生反思和总结的过程中，教师要发动学生进行交流，让学生完成对知识的梳理，更要让学生对知识的形成过程进行体会，这样的处理有助于学生对研究方法和基本过程形成认识和感悟。

总而言之，在初中数学教学中，要有效地培养学生的几何直观能力，需要教师结合实际教学情况，不断地探索有效的教学方法，在不断实践和应用中强化学生的几何直观感知能力、学习能力和应用能力，最终达到学以致用的目的。

参考文献

[1] 陈俊. 初中数学教学中几何直观能力培养探析[J]. 中学数学，2020(8)：82-83.

[2] 吴治新. 基于几何直观的初中数学课堂教学设计：以"平行四边形性质(一)"为例[J]. 中学数学，2019(2)：6-7.

培养学生几何逻辑推理能力的策略分析

——初中数学几何教学思考

北京市密云区东邵渠中学　王晓静

摘要：数学课程标准要求学生经历观察、实验、猜想、证明等数学活动过程，发展合情推理能力和初步的演绎推理能力，能有条理地、清晰地阐述自己的观点。其中逻辑推理能力是每个人必须具备的最基本的能力，新课程强调培养和发展学生逻辑推理能力，这是把我国的数学教育转到提高公民素质的轨道的一个重要措施。这在学生数学学习中具有极大的现实意义。几何学习是学生逻辑推理能力形成的重要载体，培养学生几何逻辑推理能力的策略直接影响着学生逻辑推理能力的形成。在初中数学课堂中如何培养学生的几何逻辑推理能力，培养学生几何逻辑推理能力的策略有哪些，这些是数学教师长期思考的问题。在实践中，我摸索研究出一些培养学生几何逻辑推理能力的策略，促进了学生几何逻辑推理能力的形成。

关键词：几何；逻辑推理；策略

数学课程标准要求学生经历观察、实验、猜想、证明等数学活动过程，发展合情推理能力和初步的演绎推理能力，能有条理地、清晰地阐述自己的观点。数学思维能力是数学素养的重要表现，如何在几何学习中培养学生的逻辑推理能力是影响学生数学思维能力形成的重要方面。在几何内容学习中，我们要通过一些学习策略，培养学生几何逻辑推理能力。我从事初中数学教学 18 年，通过自己的摸索、实践、反思，归纳了一些培养学生几何逻辑推理能力的策略，并初见成效。

一、分层几何教学，培养几何学习兴趣

七至九年级是学生真正进入几何学习的阶段，也是为后续立体几何学习打基础的阶段，因此，要在初中阶段统筹安排学生的几何学习，培养学生几何学习的兴趣。学生几何逻辑推理能力的培养要循序渐进、有层次性，要让学生看到现象能够初步说明道理，由此出发再慢慢规范化，一点一点深入，逐步掌握几何逻辑推理的规律。

在开始接触几何学习时，可以先让学生通过推理依据和简单论证步骤的填空练习来体会几何推理证明的过程。再通过三步左右的几何证明题推理过程的训练，让学生慢慢提高逻辑推理能力。

二、训练几何语言，逐步培养逻辑推理能力

学生在七年级刚刚接触几何学习时，有些畏难情绪，不知道如何学习，不会表达。老师要带领学生走进几何学习的大门，逐步培养学生逻辑推理能力。

几何语言是在几何中所用的语言，又叫几何术语，包括表示图形位置或大小关系的术语、表示作图动作的术语等。

教师要训练学生看着图形说几何语言。教师先带领学生一起说，然后教师指图形让学生说，接着再让学生自己指着图形说，如此反复练习。经过这样几何语言的训练，学生慢慢地会说会写，逐步形成了逻辑推理能力。

三、落实三种语言转化，培养几何分析能力

学生在简单的几何推理中通过基本图形的几何语言梳理就能解决问题，但随着知识的深入，题目难度的增加，简单的几何语言描述不能完成题目的证明和解答，需要认真地审题、分析，才能解答问题。几何学习不仅需要会说几何语言，还要会文字语言、图形语言和符号语言的转化，才能最终解决问题。

例 1　如图 1 所示，$\triangle ABC$ 中，$AB=AC$，$\angle A=36°$，BD 平分 $\angle ABC$ 交 AC 点 D。

求证：$AD=BC$。

解题思路：引导学生"读题、标图、写结论；对照问题找条件"。

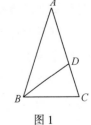

图1

$AB=AC \Longrightarrow$ 标图 $\Longrightarrow$ 结论 $\angle ABC=\angle ACB$；

$\angle A=36° \Longrightarrow \angle ABC=\angle ACB=72°$；

BD 平分 $\angle ABC$ 交 AC 于点 $D \Longrightarrow \angle ABD=\angle CBD=36° \Longrightarrow \angle A=\angle ABD=\angle CBD=36° \Longrightarrow AD=BD \Longrightarrow$ 问题求证 $AD=BC$ 需要 $BD=BC$，寻找需要的条件；

由 $\angle ACB=72°$，$\angle CBD=36° \Longrightarrow \angle BDC=\angle BCD=72° \Longrightarrow BD=BC \Longrightarrow$ 从而思路打通。

教师带领学生共同完成每一步，每一个条件大家共同标图，下笔写出结论，这样学生能够知道根据什么下笔，不至于不会解答就什么都不写。读完一个条件，得出一个结论，根据问题继续挖掘需要的条件，直至解决问题。这样的实践训练可以让学生学会如何思考几何问题，提高学生分析问题、解决问题的能力。

四、强化识图作图，助推逻辑推理能力的形成

学习几何离不开图形，强化学生识图作图的练习，对学生逻辑推理能力的培养起到至关重要的作用，从而提高学生解题的能力。

识图，即根据题目内容在图形中识别、挖掘隐藏条件，并得出相应的结论；作图，即根据已知条件补全图形或是独自画出图形。识图或作图的过程，都是学生将题目中已知条件进行演绎、推理、转化、落实的过程。

例 2　已知 Rt△ABC 中，∠ACB = 90°，AC = BC。

（1）如图 2 所示，点 D 是 BC 边上一点（不与点 B、C 重合），连接 AD，过点 B 作 BE⊥AD，交 AD 的延长线于点 E，连接 CE。若∠BAD = α，求∠DBE 的大小（用含 α 的式子表示）；

（2）点 D 在线段 BC 的延长线上时，连接 AD，过点 B 作 BE⊥AD，垂足 E 在线段 AD 上，连接 CE。

①依题意补全图 3；

②用等式表示线段 EA，EB 和 EC 之间的数量关系，并证明。

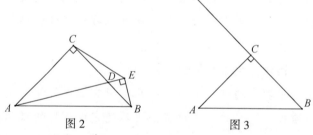

图 2　　　　　　图 3

例 2（1）主要是根据条件识图，识别出等腰直角三角形，识别出两个相似三角形（△ADC 和△BDE），利用它们对应角相等，可以求出∠DBE = ∠DAC = 45°−α。在例 2（2）中学生要独自补全相应的图形，然后再完成解答。只有准确地完成作图，学生才能根据题意得出相应的结论，根据以往的图形识别经验突破确定三条线段数量关系的证明方法。

在学生的几何学习中，只有经历不断地识图和作图，才能更深入地理解题意和挖掘隐藏条件，从而推理出解题的思路和方法。

以上是我在教学实践中归纳的在几何教学中培养学生逻辑推理能力的策略。通过这些策略的实践，学生对几何学习的兴趣有明显提高，解题能力也有所增强。

教学不得法，学生学习必然会感到困难；教学得法，不但学生学习感觉不到难，而且还会产生浓厚的兴趣。教学有法，教无定法，我们在几何教学中要运用一些策略，要因人而异，因材施教，讲求实效。有了有效的教学策略指导学生学习，教学将形成良性循环。

第四节　工作室成员其他论文

数学实验应融入数学思考

——三角形全等判定教学中的学生质疑引发的思考

密云区教师研修学院　崔永学

摘要： 在全等三角形的判定教学中，通过数学实验验证基本事实的正确性是常见的数学活动。在实际教学中，教师往往会忽视实验背后的理性思考。在验证基本事实的过程中融入数学思考、在数学实验中融入数学思考、在作图过程中融入数学思考、在观察图形中融入数学思考，有助于提高学生几何直观和逻辑推理能力，提高学生的理性思维。

关键词： 数学实验；数学思考

在有关三角形全等的判定方法教学中，教师经常通过设计数学实验让学生验证判定方法的正确性。课堂上学生中出现的质疑值得教师进行深度思考。本文结合实例具体谈谈在三角形全等的判定方法中的数学思考问题。

一、三个基本事实的验证有必要融入数学思考

针对基本事实 ASA 的学习，教材通常都安排下面类似的实践活动：请每个同学使用量角器和刻度尺画一个三角形 ABC，使它满足 $AB = 70$ mm，$\angle A = 60°$，$\angle B = 80°$。然后每个同学把 $\triangle ABC$ 剪下来，并与邻座同学的三角形互相叠放在一起，它们互相重合吗？

教师对于这样的活动设计，往往只是提出问题，学生按照教师的要求通过画图、剪图、叠合来验证基本事实 ASA 对于特殊情况的正确性。

笔者在观课过程中经常遇到以下两种现象。

现象1：学生验证后发现两个三角形不重合，教师的解释是"满足这样条件的两个三角形应当是全等的，不重合是由于作图中有误差"。学生产生质疑："既然应当是重合的，为什么一定要验证？"

现象2：学生用复制的方法先剪出两个全等的三角形，再对原本全等的两个三角形进行叠合验证，这样的操作就失去了验证的意义。课下笔者问学生："为什么不按教师给出的条件去操作验证？"学生质疑："我认为就是重合的，为什么还要去验证？那不是白白浪费时间吗？"

上述两种现象说明，学生虽然获得了基本的数学结论，但却质疑操作验证的必要性。这就警示我们：没有数学思考的数学实验难以激发学生的数学学习兴趣，更无从谈起发展学生的数学思维能力。

我们知道，三条边分别相等、三个角分别相等的两个三角形能够完全重合。从三角形可解的角度看，如果给定条件下的三角形是可解且唯一的，那么只要没有误差，学生画出的三角形的形状和大小应当是完全相同的，只是位置可能不同。这些三角形通过合同变换可以重合。三角形解的唯一性是从数的角度刻画两个全等三角形的条件。

如图1所示，在△ABC中，在给出两角一夹边的条件下，已知∠A、∠B的大小及c边长，由正弦定理可得$\dfrac{a}{\sin A}=\dfrac{b}{\sin B}=\dfrac{c}{\sin C}$，可知三角形有唯一解，当然用相同的方法也能够分析出在给出两角一对边的条件下三角形的解的唯一性。

在给出两边一夹角的条件下，已知b、c边长和∠A的大小，则由余弦定理可得$a^2=b^2+c^2-2bc\cdot\cos A$，可求出a的唯一值，进而由余弦定理可得$\cos B=\dfrac{a^2+c^2-b^2}{2ac}$，可以确定∠B的大小，故此∠C的大小也随之确定。

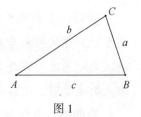

图1

在给出三边的条件下，由余弦定理可得$\cos A=\dfrac{b^2+c^2-a^2}{2bc}$，可以确定∠A的大小，同理可以确定∠B、∠C的大小。

初中学生以现有的知识水平是无法证明各种条件下解的唯一性的，他们主要是通过数学实验形成直观的认识，并应用结论解决相关数学问题。但是，教师必须清楚，三个基本事实并不像"两点之间线段最短"这样的基本事实那么直观，并且这种缺乏感知的"唯一性"的简单验证很容易引起思维定式而产生负迁移，如有的学生就会错误地认为SSA条件三角形也一定全等。故此，在数学实验过程中有必要融入数学思考，以此来感受三角形解的唯一性。基本事实虽然无须严格证明，但是需要启发学生直观分析，探索结论的合理性。

二、数学实验中融入丰富的数学思考

在教学中，教师可以设计以下的问题串启发学生进行数学思考。

1. 画图前提出猜想

请每个同学使用量角器和刻度尺画一个△ABC，使它满足AB＝70 mm，∠A＝60°，∠B＝80°。然后每个同学把△ABC剪下来，并与邻座同学的三角形互相叠放在一起，它们互相重合吗？同学们现在还没有画图，你们能猜出是否重合吗？

设计意图：完成"是否重合"的猜想，需要思考满足条件的三角形解的唯一性和三角形的稳定性等相关知识。虽然学生没有构建"三角形解的唯一性"的观念，但是只要学生能够猜想出"满足条件的三角形的形状和大小是确定的"，就达到了对三角形解的唯一性的认同效果。

2. 画图后引导观察

根据条件你能画出几种符合条件的情况？每个同学把画好的三角形剪下来，与邻座的同学的三角形互相叠放在一起，观察两个三角形的形状大小情况。

设计意图：通过在数学猜想、动手画图后的观察，发展学生的几何直观能力。作图的唯一性是三角形重合的根本原因，有了"唯一性"的认知作为前提，学生自然确信不重合现象是误差所致。

3. 叠合验证后反思

个别组同学的两个三角形没有重合，为什么？

设计意图：认识到数学实验的误差对数学结论正确性的影响，从而培养学生数学操作的规范性、思维的严谨性。

4. 一般化动态演示

教师利用几何画板动态演示改变边的长短、角的大小的过程，让学生观察两角一夹边分别相等的两个三角形是否一定全等。

设计意图：在动态演示中，进一步发展学生的几何直观能力，从局部上直观感知对应边相等、对应角相等；从整体上直观感知三角形全等，认识到条件可以一般化，结论具有一般性，从而确认基本事实的正确性具有一般性。

在上述作图、叠合验证等数学实验过程中，学生通过对"结论是什么"和"为什么会有这样的结论"的问题的思考，逐渐确认基本事实的正确性和合理性。

三、作图过程中融入理性的数学思考

在 AAS 判定定理的探究过程中，受到前面三个基本事实的学习经验的影响，学生自然会想到通过作图操作验证。如果学生沿着角→角→边的顺序去画三角形，需要通过不断平移调整找到符合条件的边长，这就促使学生进行反思，能否对作图条件进行等价转化。根据已有经验，在给出两角一夹边的条件下画三角形是不需要尝试调整作图的，故此可以通过计算出第三角的度数来完成给出两角一夹边的条件下的几何作图。

当然，对 AAS 判定定理的探究如果还停留在作图验证水平上，就失去了培养学生演绎推理能力的契机。在此基础上，教师将上述作图过程中的思维过程进行整理，AAS 定理的证明思路就自然水到渠成。

上述这个探究过程中的数学思考，有利于学生积累作图经验。适当改变作图的顺序，可以使得复杂的作图过程简单化。

在对"给出两边一对角条件下三角形是否一定全等"这一问题的探究学习中也存在着类似的数学思考。如"画出 $\triangle ABC$，使得 $AB = 4$ cm，$BC = 3$ cm，$\angle A = 30°$"。

如果学生按照条件中给出顺序先画 AB，再画 BC，会发现 C 点位置不确定，这就会导致作图中必须要逐渐调整以凑出 30° 的角，这种作图顺序显然复杂了。调整作图顺序，先作出 $\angle A$，再画边 AB、BC，则作图过程就变得很简单，并且在作图过程中学生自然会发现符合条件的三角形有两个（如图 2 所示），从而得出"给出两边一对角的条件下两三角形不一定全等"的结论。

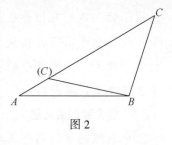

教师在学生操作过程中，可以适时启发思考："先画边还是先画角，哪种方法的更容易画出符合题意的三角形？你还能画出其他情况吗？"通过在画图中融入思考，分清几何图形中几何元素的确定性与不确定性。在上面的几何作图中，∠A的大小是确定的，边AB、BC长度是确定的，但是∠ABC是不确定的，通过理性思考调整作图的顺序，使得作图过程简单化。

图2

四、观察图形后融入深刻的数学思考

在学生学习完一般三角形全等三角形判定方法及直角三角形全等判定方法后，教师可以设计类似下面的问题。

问题1：如图3所示，△ABC和△DEF都是锐角三角形，∠A=∠D，AB=DE，BC=EF，判断△ABC与△DEF是否全等？为什么？

学生不难直观地发现两个三角形是全等的。但是，几何直观不能替代演绎推理，三角形全等的判定方法中并没有关于锐角三角形SSA全等判定方法。在直观发现两个三角形具有全等关系后，需要融入深刻的数学思考。

简析：过B作$BH \perp AC$于H，过E作$EG \perp DF$，垂足为G（如图4所示）。由已知，可证明△ABH≌△DEG，得到BH=EG，进而可证△BHC≌△EGF，从而得到∠C=∠F，由AAS定理，可证△ABC≌△DEF。

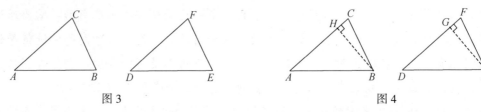

图3　　　　　　　　　　　　　　　　图4

问题2：如图5所示，在△ABC和△DEF中，∠A=∠D>90°，AB=DE，BC=EF，求证：△ABC≌△DEF。

简析：过B作BH垂直CA的延长线于点H，过E作EG垂直FD延长线于点G（如图6所示）。类似于问题1的证明方法，可通过证明△AHB≌△DGE，得到BH=EG，再证明△BHC≌△EGF，从而证得∠C=∠F，由AAS判定定理，可证△ABC≌△DEF。

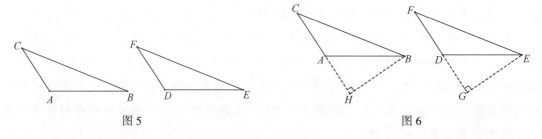

图5　　　　　　　　　　　　　　　　图6

上述两个问题的解决是在学生系统学习完全等三角形的判定方法后进行的。对"边边角"判定是否成立的探究，是一个不断加深的认识过程。通过特殊的例子，学生先明确"给出两边一对角两三角形不一定全等"，等具备全等判定方法的相关知识储备后，学生再深入研究"边边角"的问题，探寻"一定成立"背后的理由，通过进行严格的推理论证，发展学生思维的深刻性。

数学是思维的体操，数学思维是一种用数学方法思考问题和解决问题的思维活动形式。只有将数学思维融入数学操作中，才能让学生将感性经验上升为理性认识，将操作经验升华为思维经验，逐渐积淀数学活动经验，逐渐发展数学思维能力。全等判定方法中学生质疑的声音给了我们教师以警示：不要让数学实验流于形式，请为学生提供进行数学思考的机会。

参考文献

[1]　中华人民共和国教育部. 义务教育数学课程标准：2011 年版[M]. 北京：北京师范大学出版社，2012.

以终为始，有效落实数学研修的思考与实践

密云区教师研修学院　郭　喆

摘要："十三五"期间，教育部全面启动了以核心素养为中心的课程改革，加强学校课程建设研究、推进信息技术与教学教研的融合、推动考试评价政策制度落地，越来越成为中小学教学教研工作的热点和焦点。在教研过程中，我区坚持以提升区域教育质量和教师队伍素质为根本，大力推进教师研修活动转型，由"一人讲"向"大家言"的研修方式转变，活动形式不断更新，内容不断丰富。在研修过程中，以中考为导向、以课标为依托，落实"以终为始"的理念，充分调动教师的积极性。教师们博采众长、相互学习，研磨真题、解读课标、挖掘教材、交流教法，在基础年级的课堂教学中初步渗透中考思维模式，教研效果得到有效提升。

关键词：以终为始；数学研修；实践探讨

所谓"以终为始"，是以中考为方向，将核心教学内容形成逆向思维模式，分解到基础年级的章节教学中。让学生以终为始，在基础年级初步了解中考的数学思维模式，避免初三年级的教学给学生和老师造成巨大压力。

一、问题提出，为数学研修找准切入点

从我区近三年来数学中考试题基础题型和综合题型（综合题型指的是中考试卷中的代数综合题、几何综合题、代几综合题）的全区平均得分率来看，我区基础题型平均得分率保持平稳，接近 80% 左右；而综合题型平均得分率基本在 50% 以下，全区三道综合

题的平均分较低。说明数学综合题已成为影响我区初中数学中考成绩的一大因素。

我凭借近几年的解题经验，发现解数学综合题还是有技可寻的。通过对近百道综合题的分类和整理发现，模拟题和中考题中的综合题所涉及的知识要素，除部分知识是初三内容之外，大部分知识要素均源于基础年级。如果在基础年级的研修活动中，增加综合题分析和教法的研究，势必为初三综合题解题分散难点，为初三数学教师和学生减缓巨大的备考压力。我在解答了2018年北京市各城区基础年级期末真题后发现，在基础年级期末试题中早已对数学综合题进行了考查，且难度和思维量趋近于中考试题，这说明在基础年级渗透中考思维的思路是可行的。

二、基于现状，为数综研究找准立足点

《义务教育数学课程标准（2011年版）》中提到：学生是数学学习的主体，在积极参与学习活动的过程中不断得到发展；数学教学要关注学生的差异，把每堂课教学知识置于整体知识体系中，处理好局部与整体的关系，体会某些数学知识可以从不同层次进行分析和理解；让学生学会独立思考，体会数学的基本思想和思维方式，增强分析问题和解决问题的能力，增强创新意识和实践能力等教学理念，这为我在基础年级落实中考思维模式训练提供了强有力的理论支撑。

另外，从2018年北京市数学中考试题整体来看，试题强化了育人导向，坚持了能力立意、注重基础、宽广融通。试题在注重对基础知识、基本技能、基本思想方法和基本活动经验考查的同时，更突出了对数学核心概念和核心素养的考查，更加关注学生的能力和思维品质的发展。在近几年的数学中考试题中，数学综合题对课标理念的体现尤为突出，它不仅考查学生对核心知识的综合运用，更考查学生获得知识的探究过程、学生的数学学科素养等。它注重对学生动手操作、猜想探究、归纳推理等能力的考查，这些都是形成创新思维、创新能力的基础。近几年中考数学综合题的命题都具备立意新颖、构思巧妙、形式各样，在学生力所能及的范围内"立意高、能力要求高"的特点。

在研修过程中，我针对"数学综合题的研究及教法探讨"这一研修思路对我区数学综合题教学现状进行了调研。经统计发现，教师对数学综合题的解法及教法的确存在很大问题，将近九成的老师对攻克数学综合题这一难点有开展教法研究的欲望，这点更加坚定了我的研修信念。

三、注重实效，为研修转型找准关键点

为了使研修工作落到实处，让老师们真切地感受到研修的针对性和实效性，必须先找准问题关键，针对问题进行研修才能对症下药。在我区大力推进研修方式转型的过程中，教师们从以往的听逐渐向体验、参与、探讨的形式转变，同时也暴露出了一系列问题：其一，教师课标研读不够，教师对课标理念及每一知识要素的要求把握不准，对知识的整体体系没有深入思考，导致碎片式教学；其二，教师解题技能不足，存在教师不明确中考命题方向、综合题不会解、考虑问题不全面、计算不准确等现象；其三，教师教学缺乏问题和活动设计，不利于培养学生自主学习和合作探究的意识和能力。

基于以上问题，为弥补不足，我摸索出了一套"真题演练—反思问题—研读课标—研讨教法"的数学综合题研修思路。目的在于：第一，通过真题演练，使教师时刻关注中考命题方向，把握重点，提高教师在基础年级中落实中考基本考点的大局观意识；第二，在解题训练中提高教师的解题技能，使其在自身的错误中发现问题、反思教学、改进教法；第三，在研修活动中，将以往"一人讲"模式转变为大家"一起学"模式，用任务驱动教师主动参与课标学习和教材使用，促进教法和研修质量的提升。

借助初二年级"一次函数"的教学内容，分析"反比例函数小综合"的命题特点，对一次函数的教学教法和中考思维的渗透进行探讨，争取在基础年级渗透函数小综合的中考思维。

活动一：教师真题演练，体会命题特点

例题　如图1所示，在平面直角坐标系中，直线 l：$y=kx+k$（$k\neq0$）与 x 轴、y 轴分别交于 A、B 两点，且点 B 坐标为（0，2），点 P 在 y 轴正半轴上运动，过点 P 作平行于 x 轴的直线 $y=t$。

（1）求 k 的值和点 A 的坐标；

（2）当 $t=4$ 时，直线 $y=t$ 与直线 l 交于点 M，反比例函数 $y=\dfrac{n}{x}$（$n\neq0$）的图象经过点 M，求反比例函数的解析式；

（3）当 $t<4$ 时，若直线 $y=t$ 与直线 l 和（2）中反比例函数的图象分别交于点 C、D，当 CD 间距离大于等于2时，求 t 的取值范围。

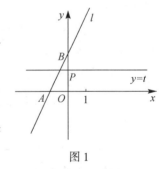

图1

活动二：教师研讨，展示分析解法

部分教师解法举例如图2所示。

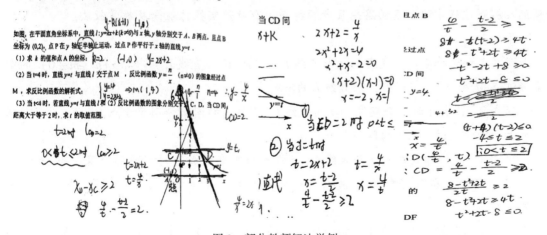

图2　部分教师解法举例

　　从教师的展示及后续统计来看，有部分老师对本题的解法是利用代数思想，利用解析式确定 C、D 两点的横坐标，利用两点坐标差表示两点间距离，从而列一元二次不等式解决 t 的取值范围。殊不知，这种解法在无意中增大了计算量，且学生对一元二次不等式的解法在初中阶段并没有触及，这种解法无疑在中考时给学生增加了解题难度和解题时间。所以，从教师的真题演练中可以发现，部分教师对中考"运动观点、动手操作"的命题意识把握不准，不能抓住"反比例函数小综合"问题考查的本质。

　　活动三：发现本质，反思教学问题

　　针对教师解题过程中出现的问题，大家以小组为单位，对本题的解题本质进行深入的讨论。在讨论过程中，这些教师通过画图发现，当 $y=t$ 这条直线经过（0，2）时，CD 间的距离恰好等于 2，当直线 $y=t$ 从（0，2）向远离 x 轴的上方平行移动时，CD 间距离明显越来越小于 2；而从（0，2）向趋近 x 轴方向平行移动时，CD 间距离越来越大，但不会与 x 轴相交。因此通过 $y=t$ 这条直线的运动即可以确定 t 的取值范围是 $0<t\leqslant 2$。这种运动的操作过程，明显比不等式要简单得多。该题的解法讨论使部分教师初步感知数学中考对反比例函数小综合的命题特点。之后，在经验丰富的教师的交流分析过程中，我们明确了常见的"一次函数与反比例函数小综合"的题型特点：以考查待定系数法求参数、求解析式、求与坐标轴交点坐标为基础，重在结合函数图象，借助图形运动，从特殊（边界值）到一般解决参数值或取值范围等问题。

　　由此，教师通过反思学生在解决此类问题中出现的"不会算、不会画、不敢动"的学习现状，反思自身教学存在的问题，明确在基础年级逐步渗透函数问题中的图形运动的思想，力求让学生敢于动手操作，初步渗透中考思维。然而，初二年级还没有学习反比例函数，这一问题又如何解决呢？

　　活动四：变式训练，形成教学教法

　　针对教师的困惑，在研修过程中，笔者根据上述函数问题列举了以下变式训练，教师们在解题过程中体会运动思想及命题特点，有效落实操作理念及教学教法。

　　承例题。

　　变式 1　当 $t=4$ 时，直线 $y=t$ 与直线 l 交于点 M，直线 l_1：$y=mx+n$（$m\neq 0$）的图象经过点 M 和点 C（2，2），求直线 l_1 的解析式。

　　变式 2　当 $t<4$ 时，若直线 $y=t$ 与直线 l、直线 l_1 的图象分别交于点 D、F，当 DF 间距离大于等于 2 时，求 t 的取值范围。

　　变式 3　我们称直线 $y=t$ 与直线 l、直线 l_1 的图象围成的封闭图形为 W，当 $t<4$ 时，在 W 内（不含边界）若整点（横纵坐标均为整数）的个数恰好为 5 时，求 t 的取值范围。

　　变式 4　过点 M 作垂直于 x 轴的直线，若直线 $y=t$ 与直线 l、直线 $x=1$、直线 l_1 的图象分别交于点 D、E、F，且 D、E、F 三点的横坐标分别为 x_1、x_2、x_3，则在点 P 的运动过程中，直接写出 $x_1+x_2+x_3$ 的值。

变式5　点 Q 是 x 轴上任意一点，过点 Q 作 x 轴的垂线，与直线 l 和直线 l_1 分别交于 G、H 两点，若 G 点在 H 点的上方，结合图象直接写出 Q 点横坐标的取值范围。

教师们通过对以上变式训练的解题与探讨，明白可以将反比例函数变为一次函数来渗透图形运动思想，进一步明确了中考的命题意图及特点。教师们借助变式训练，在动手操作的过程中体会"界点和界值"的确定方法，对利用图形运动解决函数综合问题的理解也更加清晰了。通过研读课标、研磨教材，教师们初步确定"一次函数"的章节教学目标：在落实基础知识与基本技能的基础上，将函数图象的画法贯穿整个章节教学，重视对学生画函数图象、实践操作等动手能力的培养，落实综合题型中边界值的确定方法，力求在基础年级提高学生对函数问题的分析能力及图形运动的实践探究能力，同时渗透数形结合、分类讨论等数学思想方法，达到积累活动经验、落实一次函数教学，提升学生学习能力的目的。

四、聚焦主题，为各项工作找准生长点

在各项工作中，我以推进数综研究为核心，其他工作都围绕这个核心加以展开。除了在研修活动中落实之外，还通过教师研究课观摩与展示活动、课程开发项目、骨干教师的引领、教师日常教学、试题命题等各项工作的开展，推进数学综合题的解题策略及教学教法研究，提升教师教学能力，关注学生自主探究和动手能力的培养，提高学生数学综合题解题能力，促进学生数学思维的发展。

以终为始，在基础年级渗透中考思维，并不是将解题技能强加于学生，而是想借助中考的题型将其蕴含的数学思想方法贯穿初中阶段教学始终，培养学生的学习能力，落实数学核心素养。数学综合题往往注重背景材料的选择与设计，通过一系列梯度分明的问题突出对学生逻辑思维与创新意识的考查，其着重考查学生在解题过程中的逻辑推理是否缜密；检测学生运算的基本方法与基本技能是否达标；关注学生在解答过程中的数学语言表述是否自然、清晰、简洁和规范；关注计算与推理互融、能力与素养并重，充分体现数学学科的育人价值。因此在具体教学中，教师要以促进学生个性化与和谐发展为本，为学生长远利益着想，为学生的后续发展和终生发展奠定认知基础，优化学生的思维品质和拓宽学生的数学视野，让数学的核心素养在我们的课堂落地生根。

初三复习课分层教学的实践与思考

——以"一元二次方程的复习为例"

密云区高岭学校　孙芳雪

摘要：新课改背景下初中数学教学更注重学生的主体性，注重学生实际的知识掌握情况与运用能力，让课堂真正面向每一个学生。但学生的数学基础和学习能力参差不齐，教师无法将因材施教落到实处，因此初中数学分层递进教学应运而生。分层递进教学模式是一种在班级授课制形式下的个别化教学策略，针对不同学生的个体差异，有针对性地设计教学目标，实施相应的教学方法，将教学建立在"最近发展区"，力求促进全体学生在原有的基础上得到良好的发展。初三学生要面临中考，学生的知识基础、思维能力、学习目标等都有差异，因此，初三复习课的分层教学，对提高学生课堂的参与度和积极性，提升学生学习能力，推动复习课的高效进行都有重要意义。

关键词： 目标分层；实施分层；评价分层

对初中而言，初三复习十分重要，在进行数学复习时，既要提高学生数学复习的效率和数学综合能力，又要兼顾到所有学生的发展。面对学生学习水平参差不齐的情况，在班级授课制的大前提下，教师很难兼顾到各个层次的学生，在复习过程中，会出现有的学生"吃不饱"，有的学生"吃不了"的现象。分层递进教学构筑了个别教学与集体教学的桥梁，分层是为了让学生在原有基础上有所获得，递进是希望学生在不同程度上有所提高。因此，在初三复习过程中，我尝试了分层递进的教学方法，以小组互助为依托，最终实现成员的共同发展。

一、实施过程

（一）如何分层

依据我区实施的"师友互助"学习模式，可以通过营造多边互动、宽松自由的课堂氛围来发挥学生的学习主动性，使学生学会互助学习，提高学生学习数学的兴趣。在此根据学生学习成绩、学习能力、课堂表现、学习目标等方面的情况，对学生进行分组。

采用隐形分层的方式把学生分为三个层次：学习成绩好，学习主动，兴趣浓的学生属于A层；成绩一般，学习不够稳定或学习能力一般、学习勤奋的学生属于B层；学习成绩差，学习困难差或学习消极的学生属于C层。将班里的学生分为五个组，每组A层学生一名，B层学生两名，C层学生一名；选择A层学生为组长，四人合作小组编排座位，以便合作学习，相互讨论。

在学生分层中要注意，学生的知识水平在教学过程中是变化的，不能让学生只在一个固定层次上。教师要对学生进行考查，对每个学生及时评定，根据实际情况调整小组。

（二）教学过程

下面以北京课改版初三复习"一元二次方程根的判别式"为例进行说明。

1. 教学目标的分层

在初三数学复习实际备课中，教师要根据课程标准、考试大纲、复习内容和学生的实际情况，为不同层次的学生制定与之相应的教学目标，并围绕教学目标设计相应的教学活动来实现目标。同时，还要根据学生的具体情况，制定不同的能力目标：每个学生都能达到的目标；多数学生在老师和同学帮助下可以达到的目标；提优目标，针对少学有余力的学生。

2. 教学内容的分层

复习课不同于新授课，针对不同层次的学生，确定不同的教学内容，依照实际情况分层施教，针对制定的分层目标，在复习课上按"基础知识—典型例题—巩固练习—拓展提升—课堂小测"几个教学环节分层施教。

3. 施教的分层

本节课的复习内容为一元二次方程根的判别式。首先让学生回忆一元二次方程根的判别式。根的判别式学生们很熟悉，因此，在教学中，对学过的基础知识，我尽量提问 C 层次的学生，其他层次的学生补充和纠正，以激发 C 层学生课堂的积极性与参与度。对于用一元二次方程根的判别式时，要将方程化为一般形式这类问题，提问 B 层中做题不够严谨的学生，以引起全班同学的注意。

基础过关这一部分，我选了三个习题，主要针对本节课"每个学生都能达到的目标"。

习题 1 不解方程，判断下列方程根的情况。

(1) $x^2-10x+25=0$ (2) $x^2-x+1=0$ (3) $x^2-(m+1)x+m=0$

习题 2 若关于 x 的一元二次方程 $x^2-3x+m=0$ 有实数根，则 m 的取值范围是_____。

习题 3 关于 x 的一元二次方程 $ax^2+bx+1=0$ 有两个相等的实数根，写出一组满足条件的实数 a、b 的值：$a=$_____，$b=$_____。

教学活动：学生独立完成，核对答案，组内讨论解决问题。教师巡视的过程中重点关注 C 层学生，并发现学生做题过程中的问题。待各组完成组内讨论后，教师请 B 层学生讲解习题 1 (3)，C 层学生讲解习题 2、习题 3，进一步巩固根的判别式和判别方法。在学生讲题时，教师及时给予评价，鼓励 C 层学生，激发他们课堂参与的主动性。

接下来选择两道有对比的典型习题，一个是已知方程的根，求未知数的取值范围的，一个是证明方程根的情况的。这样的两个题目，学生们是容易混的，因此拿出来做对比。

习题 4 关于 x 的一元二次方程 $x^2+(2m+1)x+m^2-1=0$ 有两个不相等的实数根。

(1) 求 m 的取值范围；

(2) 写出一个满足条件的 m 的值，并求此时方程的根。

习题 5 已知关于 x 的方程 $mx^2-(m+2)x+2=0(m\neq0)$

(1) 求证：方程总有两个实数根；

（2）若方程的两个实数根都是整数，求正整数 m 的值。

合作中的分层，教学中我让两个 B 层的学生在黑板上演示，其余同学独立完成。完成后由 B 层学生总结，A 层学生补充，教师规范解题过程。对于普遍存在的问题，教师集中讲解。最后学生独立修改，并小组讨论。

巩固练习要针对学生掌握不好的方法进行进一步巩固，C 层学生可以完成一问，B 层学生基本过关，A 层学生全部过关。

进一步分层教学，接下来给出的 3 道习题可以提升学生应用知识的能力。题目将判别式的知识与抛物线的知识相结合，能让学生认识到知识前后间的联系。

习题 6　抛物线 $y = x^2 + 2x + m - 1$ 与 x 轴有两个不同的交点，则 m 的取值范围是（　　）。

　　A. $m < 2$　　　B. $m > 2$　　　C. $0 < m \leqslant 2$　　　D. $m < -2$

习题 7　已知抛物线 $y = mx^2 + (3m+1)x + 3 = 0$，求证它与 x 轴总有交点。

习题 8　抛物线 $y = x^2 - 2x - 3$ 与直线 $y = c$ 有两个交点，求 c 的取值范围。

由于时间关系，这 3 个题不能在课上一一解决，只能点拨下思路，留给学生课下完成。这 3 道习题，是对判别式知识的拓展，目的是兼顾 A 层学生的发展，同时为综合题的复习做铺垫，把难点知识分解，逐渐积累知识技能，形成能力。

检测中分层的目的是让学生和老师对学与教的过程有一个清晰的判断。通过检测看看学生通过复习是否有提高，同时教师反思自己的复习教学是否有效，以便课下分层辅导。

4. 作业的分层

基础题，巩固基本知识，全班同学必做。

提高题，在基础题的基础上对知识进行延伸，帮助学生形成解题思路，掌握解题方法，这类题为 A、B 层学生准备。

扩展题，综合性强，是给 A 层学生准备的，从数学方法和能力培养方面考虑，旨在提升学生做综合题的能力。

5. 评价的分层

反馈评价是提高教学有效性的保证。初三学生的考核测试是评价学生的依据之一，其可以反映不同层次的学生的学习成果，对此教师要给予及时反馈。初三学生学业压力大，在平时的教学中，教师要以发展的眼光，进行客观、公正、正面的评价，来激发学生学习的内在动力。这项工作分为四个方面。

（1）对于不能完成教学目标的学生及时辅导。

（2）鼓励达到目标的学生向更高层次目标努力，对于 B 层学生注重方法的指导。

（3）对 C 层学生多鼓励、保证其不掉队；对 B 层学生抓反馈、多指导；对 A 层学生严要求、促能力。

（4）根据反馈调整教学要求与方法。

二、分层递进教学的几点思考

（一）重视目标，指导方向

教学目标是课堂教学的起点，它决定着教学内容的安排方式、教学方法的选择，以及教学评价的实施，因而也就决定着课堂教学效果的好坏。目标分层，是根据不同层次学生的实际情况，制定科学合理的教学目标。教学目标制定得是否有效，最终也需要教学实践的检验。教师通过设计分层目标来确定教学内容、制定教学设计、实施课堂教学。通过及时反馈、反思和改进，让教学目标落到实处，让每个学生在目标的引领下，有所获得。

（二）资源合理，适量用题

分层教学对教学资源的选择要求很高，到了初三复习阶段，教师会有大量的习题素材，教师一定要从自己学生的学情出发，选择适当的教学内容。教师前期要认真研课、备课。教师可以分工合作，针对自己的分层目标，精选教学素材，将分层教学渗透到每个题目中，让每个学生都有所收获。

（三）合作学习，分层进步

进入初三复习阶段，数学基本的知识点已经全部学完，复习应该是能在旧知识的基础上产生新的思想，从而有综合解题的能力。在备课的过程中，教师要兼顾所有学生的发展，有针对性地设计教学活动，让每个学生都能参与进来，进行组内交流，相互促进，使每个学生的认知水平不断向前推进。

（四）铺搭台阶，逐步递进

初三的数学复习是对知识的整合与提升。综合题的复习不能留到最后，要在平时的常规复习中体现，要逐渐渗透，逐渐积累，由量变引起质变。复习课上的分层教学，要使复习的知识有梯度，不仅要兼顾优生的发展，还要让中等生更进一步。

分层教学指引教师承认并理解学生间存在差异，从而教学更有针对性。教师要从教学目标、教学内容、学生的实际情况等诸多因素考虑，并将这些因素进行灵活的选择和组合，以便最大限度地提升学生的课堂复习效率。分层教学是一个过程，其需要不断探索、积累、反思、实践，我们仍需努力，让每个学生在原有基础上得到更好的发展。

参考文献

[1]　庄严. 数学分层与递进教学的实践与思考[J]. 中学数学, 2017(16): 60-62.

把课堂还给学生，更要把方法教给学生

——浅谈类比方法在初中教学中的运用

密云区第五中学　于江茹

摘要：新课标中要求的初中数学课程内容不仅包括数学的结果，也包括数学结果的形式过程和蕴含的数学思想方法。在教学中运用类比法不但能帮助学生建立知识结构，还能深化知识的理解，帮助学生充分应用所学知识分析和解决实际数学问题。本文就类比法在初中数学教学中的运用进行探讨。

关键词：类比法；教学中应用

数学的学习不仅是学会数学知识，而是在学习数学的过程中，学会学习的方法。有人说数学是让人变得越来越聪明的学科，数学是让人变得越来越会思考的学科，数学是让人变得越来越会解决问题的学科。为什么？因为在学习数学的过程中不仅仅学习数学知识的本身，还学到了怎么学习新知识。本文就类比法在初中数学教学中的运用浅谈几点看法。

一、什么是类比法

类比法是研究和学习数学的一种极其重要的方法。运用类比法有时候对解决一些教学难点问题有很大的帮助。它能启发和开阔我们的思维，能给我们提供解决问题的线索，是提出科学假设和探索新理论的重要途径，其对学生学习数学来说发挥着巨大的作用。正如苏联学者瓦赫罗夫所说："类比像闪电一样，可以照亮学生所学学科的黑暗角落。"也正如康德曾说："每当理智缺乏可靠论证的思路时，类比这个方法往往能指引我们前进。"运用类比思维可以把陌生的对象和熟悉的对象进行对比，把未知的东西和已知的东西进行对比，这样可使学生主动地认识、理解并掌握知识。让学生在学习知识的同时，提高获取知识的能力，掌握科学的思维方法，发展智力。在这样的学习过程中，学生不是接受现成的知识，而是经过自己的探索获得知识，这样得到的知识更有效、更牢固，学生理解得也更透彻。

二、类比法在初中教学中的作用

初中知识有一部分存在较强的类比性，因而在课堂教学中类比法有着重要的作用。

（1）有助于培养和提高学生学习数学的兴趣

在课堂教学中，数学教师可利用好类比法，向学生提出新的探究性问题，引导学生深入学习，激发学生的数学学习兴趣，调动其参与性和主动性。

（2）强化新知识和旧知识

类比法不但能帮助复习和巩固以往知识，还能实现新、旧知识的融合，建立新的知识结构，培养学生的创新思维和能力，深化其对知识的认识和理解。

（3）实现数学知识的条理化

在学习中学生必须将所学知识进行有效整合，并建立知识的内在联系，而类比法能够让学生更条理化、系统化地整合知识，使学生的学习能力和知识水平获得提高。

因此在教学过程中教给学生类比的方法，引导他们去尝试运用类比的方法探究结论，对发展学生分析解决问题的能力，提高创新能力大有好处。

三、类比法在初中教学中的具体运用

（一）解题步骤中的类比法的运用

在初中教材中，解一元一次方程和解一元一次不等式的步骤非常相似。解一元一次方程的步骤是①去分母；②去括号；③移项；④合并同类项；⑤系数化为1。解一元一次不等式的步骤是①去分母；②去括号；③移项；④合并同类项；⑤系数化为1。在讲解解一元一次不等式的过程中用类比法学生比较容易掌握，同时还能够类比出两类知识的异同，在教学过程中难点容易被化解。在用类比法的教学过程中不仅要让学生知道在解题步骤上的不同，还要学生明白产生这种不同的根源是什么。"为什么解不等式系数化为1时，若在两边同时除以负数要改变不等号的方向？"要解释这个问题就要在教学中类比等式基本性质和不等式基本性质的异同。因此在教学中运用类比法，不仅能够解决教学生的难点，还能引发学生对知识的更深层次的理解，教会学生思考问题的方法。

（二）知识间联系的类比法的运用

在初中教材中一次函数、一元一次方程、一元一次不等式从属于"数与代数"这一数学领域。教科书基于学生对一元一次方程、一元一次不等式和一次函数认识的基础之上，着重建立了一次函数与一次方程、一次不等式之间的联系，并利用一次函数的图象求一元一次方程、二元一次方程的解和一次不等式的解集。这部分内容对学生来说是学习的难点，若在教学设计中运用类比法，不仅能够突破难点还能教会学生运用类比法去理解二次函数与一元二次方程、一元二次不等式之间的关系。探究一次函数与一元一次方程的关系的具体教学实施过程如下。

学生独立完成例1、例2。

例1　当下列函数值为0时所对应的自变量x的值是什么？

（1）$y=2x+6$　　　（2）$y=-x+3$　　　（3）$y=3x-3$

教师在学生完成例1的情况下提问："观察求出的自变量的x的值对于方程来说是什么？"学生部分回答后，教师示范说："$2x+6=0$的解，可以看作是$y=2x+6$当函数值$y=0$时所对应的x的值。"学生仿说后总结一元一次方程和一次函数之间数的关系。

例2　在平面直角坐标系中，画出下列一次函数的图象。

（1）$y=2x+6$　　（2）$y=-x+3$　　　（3）$y=3x-3$

学生画出图象后，在图象上找到 $y=0$ 的点的横坐标，再观察方程的解和图象上的点的横坐标的联系，最后总结一元一次方程和一次函数之间的关系。这样的学习方法也可以运用到分析二次函数与一元二次方程、一元二次不等式之间的关系上。

（三）图形位置关系中类比法的运用

初中教材中有许多几何方面的知识，此类知识在结构上比较灵活，要想学生能够系统、全面地掌握教学知识点，不但要求他们具有一定的数学思维和空间想象能力，更关键的是要明晰知识点之间的异同。将类比法应用到此类知识的教学中通常能获得良好的教学效果。图形间会有不同的位置关系，而此类关系往往是学生易混淆的地方，类比法的应用能让不同位置关系的相似性呈现出来，还可以充分反映其差异性，而此差异性恰好是教学的一个重点，是学生必须掌握的重要知识。

初中教材中有"点和圆的位置关系""直线和圆的位置关系""圆和圆的位置关系"，这三个知识点都和图形位置关系有关。在教学的过程中，教师可先直观展示点和圆的位置关系，再用数量（即点与圆心的距离和半径大小比较）关系刻画点和圆的位置关系。接下来教师指导学生自己动手研究直线和圆的位置关系，先研究直观上直线和圆的位置关系，再类比点和圆的位置关系，这里要用数量刻画直线和圆的位置关系，最后再推广到圆和圆的位置关系（因为初中教材对圆和圆的位置关系要求比较低，所以在教学过程中只研究直观上圆和圆的位置关系，不再研究数量刻画圆和圆的位置关系）。通过类比法的教学，强化学生对知识的掌握，让其学习过程中学会学习新知识的方法，提高学生解决问题的能力。

四、结束语

类比法是数学学习中最重要的思维模式之一，在初中数学教学中有着重要的作用。能激发学生学习的兴趣和热情，帮助学生建立良好的知识结构，使学生更好地整合和厘清知识的内在关系，进而掌握具体的类比法。教学的本质是让学生学会学习，学生学会学习的前提是掌握正确的学习方法，而教学中运用类比法正是教会学生如何学习。

浅谈农村学校初中生数学能力的培养

密云区第五中学　张　余

摘要： 近年来，随着课程的改革，我们的教学模式也随着在改变，"自主探索，合作交流，动手操作"已经成为重要的数学学习方式。"听、说、读、写"已成为学生在交流合作时的主要表现方式。经过几年中学教学的实践，我发现在中学数学课堂教学中，"听、说、读、写"有着其意想不到的妙用。它们是数学课堂学习活动的前提，也是学生不可缺少的学习能力，还是提高数学课堂学习效率的保证，是我们应该认真思考的问题。

关键词：农村；初中生；数学能力

"听、说、读、写"在语文或英语教学中常见，在数学教学中很少被提到，但是在数学教学中它的作用不可小视。这是因为人类直接地获取外在信息的手段就是"听"和"读"，人类传达信息的手段是"说"和"写"。

一、听（聽），tīng：用耳朵接受声音

听是人们交往中最基本的形式，是理解和吸收口头信息的交际能力。数学学习中的"听"，主要指听课，它是学生获取知识的重要环节，也是学生系统学习知识的基本方法。听课还包括听同学的发言，同学的交流讨论也是学生获取知识的途径。

初中数学的主要教法之一是讲授，对于学生来说听讲就显得尤为重要，教师教学生听讲也是教学的一个重要环节。上课如何听讲是困扰学生的一个比较重要的话题。学生在学习时常常受不少内外因素的干扰而难以集中精力学习，在这种情况下这就需要教师从以下几个方面加以引导。

（一）集中精力听

"听教师讲解"这种学习活动不同于其他学习活动，这种学习活动不仅涉及自己，还涉及老师和其他同学。教师在对每个学生提出具体要求的同时，还要对全体学生提出总体要求，诸如先听讲不交流、不边听边记笔记、不随便打断老师或同学的讲解等。

（二）边思考边听

学生在课堂学习过程中只听懂是不够的，还得会灵活运用。因此学生在课堂上进行听课的时候，不仅要集中注意力"听"，还要勤于思考，学会思考，才能使自己真正获得知识，实现真正意义上的"听懂"。

（三）"听"方法与思路

课标要求教师要发挥主导作用，处理好讲授与自主学习的关系，引导学生独立思考、自主探究，使学生学会运用数学思想与方法。学生在听讲过程中，不仅要记住教师给出的结论，更应该注意教师得出这个结论所用的思路和方法，这样才能够不断改善学习方法，拓宽思路，提高自身分析问题和解决问题的能力。

（四）先听后记

将听到的内容加以思考整理，提纲挈领地记录重点、难点和课本上没有的内容。因为"听"和"记"毕竟是两回事，"记"是将知识消化、理解的过程。

二、说（説），shuō：用话来表达意思

苏联革命家、教育家加里宁曾说过：数学是思维的体操。数学离不开思维，而思维离不开语言。与其他语言不同，数学语言是数学学科特有的语言系统，由文字、公式、

符号、图表等按照一定规则组合而成，表达数学意义、交流数学思想。

在数学课堂中有多种形式的说：同桌交流、小组讨论、请学生当小老师、让学生做小结等。让每一个学生都有"说"的机会，当学生把思维说出来时会产生一种愉悦的感觉，这也是学生实现自我价值的需要。

（一）小组讨论中的"说"

以尺规作图为例，让学生先说作图过程，再写出来。说作图过程其实就是展示思维的过程。

例 1　线段 AB，作线段 AB 的垂直平分线。

可以让学生先独立思考 2 分钟，然后小组讨论，说出自己的想法，大家各取所长，碰撞出思维的火花。这里展示一组学生的讨论。

学生 1："作垂直平分线要满足两个条件：所作直线垂直线段 AB 并平分 AB。要找到线段 AB 的中点，并以中点为垂足作线段 AB 的垂线。"

学生 2："怎么找中点？怎么作垂线？"

学生 1："圆规可以作相等的线段，直尺可以连线，但要找出中点和作垂线好像不容易。"

学生 3："换个思路，想想垂直平分线的性质定理行不行呢？"

学生 4："垂直平分线的性质定理是垂直平分线上的点到线段两端点的距离相等。"

学生 1："性质定理是在有垂直平分线的前提下呀！"

学生 3："反过来还有一条性质：到线段两端点的距离相等的点在线段的垂直平分线上。如果有几个这样的点，将它们连成线就可以得到垂直平分线了！"

学生 4："对！作到线段两端点的距离相等的点就是作两条相等的线段，圆规可以作相等线段……"

最终，该组讨论出了作图方法，老师稍加指导便得到如下步骤：

①如图 1 所示，分别以点 A 和点 B 为圆心，大于 $\dfrac{1}{2}AB$ 的长为半径作弧，两弧相交于 C、D 两点；

②过 C、D 两点作直线。

在讨论的过程中，学生的思维和口才都得到了锻炼，学生也更加深刻地理解了尺规作图的原理，这比"教师说，学生记"的教法不知好了多少。

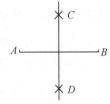

图 1

（二）几何证明中的"说"

遇到几何证明题，一般至少要读两遍题。第一遍先通读题、看图，第二遍读题是边读边把相应的条件标记在图中，然后结合问题和已知条件一步一步证明。在写证明过程之前，一定要先让学生说想法、说思路，在说的过程中实际是在锻炼学生思维的条理性和逻辑性，只有说明白了才能写得简洁、清楚。

例2 如图2所示，在▱$ABCD$中，AE平分$\angle BAD$，交BC于点E，BF平分$\angle ABC$，交AD于点F，AE与BF交于点P，连接EF。

求证：四边形$ABEF$是菱形。

学生读题标完图后说证明思路。

学生1："我不会证。"

老师："没事，把你会的说出来，剩下的其他同学可以补充。"

学生1："行吧。因为AE平分$\angle BAD$，BF平分$\angle ABC$，所以$\angle 1 = \angle 2$，$\angle 3 = \angle 4$（见图3）。"

老师："还有一个条件没有用，发现是什么了吗？"

学生1："四边形$ABCD$是平行四边形，能得到AD平行BC且相等，AB平行CD且相等。"

老师："能把你说的两种条件结合在一起吗？"

学生1：（没什么思路）

学生2："由AD平行BC可得$\angle 2 = \angle 5$，所以可得$\angle 1 = \angle 2 = \angle 5$，由$\angle 1 = \angle 5$可得$AB = BE$，同理可得$\angle 3 = \angle 6$，$AB = AF$。现在三条线段$AB = BE = AF$，但如何证明第四条线段$EF$与它们相等我就不会了（见图4）。"

老师："实在想不通，能不能换种思路证明菱形？"

学生3："老师，我知道！$BE = AF$，BE还平行AF，所以可证四边形$ABEF$是平行四边形，加上一组邻边相等，就可以证明是菱形了！"

互相"说"想法，其实就是在思维碰撞。通过大家的思考，同学之间、师生之间的交流，最终形成解题过程。

三、读（讀），dú：依照文字念

数学中的"读"不仅局限于依照文字念，还包括对文字的理解。教学中既要求教师教会学生用语文的方法分析句子，细致地"读"，如解方程的"解"是动词，表示求方程的解的过程，而方程的解中的"解"是名词；又要求教师培养学生用数学的方式去"读"。

（一）细致"读"

细致"读"是指在读的过程中，逐字逐句地读，读懂含义，读出运算，并适时加以"翻译"。

学习幂的运算性质时有这样两句话："同底数幂相乘，底数不变指数相加；幂的乘方，底数不变指数相乘。"在这里教师要给学生分析：这两句话的格式是一样的，前半句是让你先判断要做的事是什么，后半句是在告诉你分几步做、怎么做。所以最主要的事情是读清楚句子表达的是什么运算，然后再确定用着什么法则去做。由此可见"读"即"理解"。在讲反比例函数 $y=\dfrac{k}{x}(k\neq 0)$ 的性质时，如果学生看到"在各自象限内 y 随 x 增大而减小"这句话，就能明白是" $k>0$ "的意思，那题目自然就容易被解决了。所以边读边翻译也是"读得细致"的体现。

在七年级有理数的乘方一节中，a^n、$(-a)^n$ 与 $-a^n$ 这三者的意义不同、读法不同所以计算起来也不同，其中 a^n 读作" a 的 n 次方"，表示 n 个 a 相乘；$(-a)^n$ 读作"负 a 的 n 次方"，表示 n 个 $(-a)$ 相乘；$-a^n$ 读作" a 的 n 次方的相反数"，表示 n 个 a 相乘后所得乘积的相反数。学生如果能准确地读出这三者，就会在计算过程中清楚地知道应该如何运算。这里举个学生的计算错例。

例3　$-1^4-\dfrac{1}{6}\times\left[2-(-3)^2\right]$

解：原式 $=1-\dfrac{1}{6}\times\left[2-9\right]$

$\qquad\quad =1-\dfrac{1}{6}\times\left[-7\right]$

$\qquad\quad =1+\dfrac{7}{6}$

$\qquad\quad =\dfrac{13}{6}$

该生没有读对 -1^4，也就没理解其意义，所以错写成了 1。

例4　解一元二次方程：$(x-1)^2=3$。

解：$x-1=\pm\sqrt{3}$ 　　　①

$\qquad x=1\pm\sqrt{3}$ 　　　②

例4①中的 $\pm\sqrt{3}$ 读作"正负根号3"，表示 3 的平方根是 $\pm\sqrt{3}$，这里的" $\pm$ "是性质符号；例4②中的 $1\pm\sqrt{3}$ 读作"1 加减根号 3"，这里的" $\pm$ "是运算符号。不同的读法表示不同的意义，教师在讲解时如果注意讲解这样的细节读法，学生会更加明白运算道理。

（二）广泛"读"

广泛"读"指的是教师不只教学生书本上的知识，还应介绍数学历史、数学名家的故事给学生，提高学生学习数学的兴趣。

如关于"平方根"，为了简洁、明确地表示一个正数的算术平方根，许多数学家对此进行了长达 400 余年的探索。在教授这个知识点时，教师可以给学生提供些有趣的素材以引发学生探求新知的兴趣的。

四、写（寫），xiě：用笔作字

英语教学中的"写"是指书写和写作。书写包括字母、单词、句子、标点符号的正确书写。书写的好坏直接影响到思想和情感的表达。数学教学中的"写"是对"读"和"听"的检验，对"说"的深化。通常要完成的书面的"写"除了计算、推理、论证、作图外，还应包括写读后感、写小论文等。

（一）细致"写"

很多学生在写语文、英语作业时的字迹比写数学作业时要工整清晰。有很多学生在书写时把 1 写成 7、0 和 6 分不清、"+""−"写错等。学生在答题时也没有整体布局意识，写到哪里算哪里。经常可以看到学生在试卷答题时前面大片的空白，而后面却写得密密麻麻。甚至有的学生把第一步的算式写在后面，后来发现没有地方写第一步的解答算式了，又回到前面去写。

解决这些问题就要求老师在教学中要有意识地培养学生认真看，细致"写"的习惯，坚持强调、纠正，学生就会有效地减少错误，提高解题的正确率。学生在做题前还先设计书写过程的布局，让解题过程美观，这样不仅卷面工整，还可以培养学生统筹的思想。

细致"写"的另一个要求是"详写"，即写出详细的过程，这是因为"写"是思维过程的反映，如例 5 所示。

例 5　解方程：$2x^2-4x+1=0$。

解：$x^2-2x+\dfrac{1}{2}=0$

$$x^2-2x+1^2=-\dfrac{1}{2}+1^2$$

$$(x-1)^2=\dfrac{1}{2}$$

$$x-1=\pm\sqrt{\dfrac{1}{2}}$$

$$x=1\pm\sqrt{\dfrac{1}{2}}$$

（二）广泛"写"

数学是一门充满奥秘的学科，其中很多知识之间都互相有联系，教师应多给学生创设"探索"的机会，让学生把自己的发现总结归纳形成自己的作品。

我们先学习了三角形内角和，后来又研究四边形、多边形的内角和。课上同学们证明多边形内角和为 $(n-2)\times180°$ 的方法有很多，辅助线的添加方法也多种多样，但最终是依靠三角形内角和来解决问题的。在学习这个知识点时，学生的表现很积极，我就动员他们将想法写出来一一展示。再由两名同学进行整理，最后写成一篇题为《多边形内角和的证明方法》的文章，并发表在数学刊物上。

在"写"的过程中，学生通过整理、归类、润色语言，达到在学习中找不足、在学习中提高的效果。

数学教学中的"听、说、读、写"是一个有机的整体，其中每一个环节都不可忽视，每个环节都离不开教师的积极、正确的引导和点拨，更需要学生积极主动参与。"听、说、读、写"的良好习惯是学生学习能力提高和数学素养形成的重要因素。无论是教师的"教"还是学生的"学"，注重"听、说、读、写"的训练，都可以收到良好的效果。

参考文献：

[1] 中华人民共和国教育部. 义务教育数学课程标准：2011 年版[M]. 北京：北京师范大学出版社，2012.

[2] 童嘉森. 中学生数学阅读能力的培养[M]. 北京：国家行政学院出版社，2014.

[3] 吕丽. 数学教学中的听说读写[J]. 中国教育技术装备，2009(31)：34-35.

[4] 邢光辉. 不可忽视数学教学中的听说读写训练[J]. 数学教学与研究考试周刊，2010(38)：70-71.

[5] 伊夫斯. 数学史概论[M]. 欧阳绛，译. 6 版. 哈尔滨：哈尔滨工业大学出版社，2013.

[6] 笛卡尔. 笛卡尔几何[M]. 北京：北京大学出版社，2008.

第六章　变革篇——拥抱时代自我迭代（适应力）

第一节　线上教学中的典型问题

2020 年春季学期，全区各校在做好疫情防控工作的同时，结合市、区教委工作要求，积极开展线上教学工作，以保证"停课不停教、停课不停学"。各校在整合市级课程资源、区级课程资源的基础上，结合本校实际开发校级在线学习资源，满足特殊时期学生的学习需求。当然，线上教学阶段也暴露出一些亟待解决的问题。

1. 师生之间缺乏互动性

从春季学期线上教学反馈情况看，大部分教师在整合市、区两级资源的基础上开发适合本班学生实际的教学资源。个别教师由于信息化能力不足，只能在指导学生观看市、区课程资源后，进行针对性答疑。但不论采用哪种方式，师生间均缺乏互动性。

（1）线上互动方式单一

虽然教师选择的平台不同，但是师生间互动的方式基本上是采取简单的"问答"式，缺乏其他的互动方式，学生思维参与的深度不够。

（2）线上互动参与度不够

线上互动的参与度，主要是指学生在线上学习过程中，参与课中讨论的行为和课后提交作业的行为。参与度不够具体表现在参与的深度和广度不够。

参与深度不够。教师的提问内容通常只是停留在简单的低阶思维层次，甚至有的教师由于担心个别学生在线学习注意力不集中而进行"提醒式"提问，大部分学生并没有在问题的引领下展开深层次的思维活动。虽然线上教学不是线下教学的直接照搬，但是线上、线下的教学都需要有恰当的问题设计驱动学生思维。

参与广度不够。为加强线上教学期间的学生管理，教师通常会在例题教学和练习环节让学生上传解题过程的截图。因为学生上传的是复制粘贴的图片，所以并不能确保其真正参与到课堂学习中。

2. 教学管理存在不可控性

相比传统课堂面对面的教学形式，线上教学的主动权更多地在学生手中。教师提前发布的任务单、学习资源等是否被学生接收？接收后学生完成任务情况如何？学生在网络空间中真实的学习状态如何？这些疑问的产生皆是因为"隔空教学"让教师对课堂失去了掌控感。由于网络问题不能正常接收到学习指令，由于学生学习主动性不强、自我控制能力差，由于教师的教学设计缺陷，学生不能积极投入学习，由于学生在学习中存在各种问题等，面对这些情况教师很难及时通过网络获取反馈，并动态调整教学方案。

传统课堂教学，围绕学习目标的达成，教师除合理选择教学资源外，还需要设计恰当的问题，设计与教学目标、教学内容相匹配的学生活动，如自主探究、合作学习、展示交流、集中讲解、巡视指导、个别指导等活动。但是，线上教学环境失去了师生间、生生间真实的学习场景，部分学生在线学习时不能进入状态，无法集中精力参与在线教学。虽然，安静、独立的居家学习环境没有人打扰，利于独立思考、学习，但是对于大部分自制能力差的学生，由于缺乏外部的学习氛围影响，缺乏外在的干预，学习投入远不如线下。

3. 作业完成的真实性欠缺

作业是线上教学过程的重要环节，是学生获取知识、形成能力、培养习惯的重要形式，是教师检查线上教学效果、指导学生学习的重要手段，同时也是师生改进和优化教学设计的重要依据。作业的落实是教师们普遍关注的问题。

教师问卷结果表明：学生线上提交作业真实性的欠缺是普遍问题。互联网在提供便捷服务的同时，也为学生查找试题答案或同学间互相传递答案提供了便利。学生利用网络获取答案、复制答案的习惯一旦形成就很难从根本上转变。学生一旦对自己真实的学习水平、学习能力失去判断，就会影响自我反思、自主发展习惯的形成。

第二节　改进线上教学效果的相关思考

1. 提高在线教学互动性的策略

（1）利用多种平台增加互动

目前市面上的在线授课平台多种多样，每种平台都有其特色和瓶颈，教师在选用平台时应该根据课程性质和授课对象进行选择，也可以根据课堂需求进行混合选用。但是，教师在选择平台时应尽可能选择一种或几种功能相对实用的常用平台，避免因频繁更换平台，影响学生的正常使用。

教师们可以通过问卷星、作业管家等要求学生实时答题，也可以通过微信群让学生上传答案，还可以利用腾讯会议屏幕共享功能显示学生端学习情况。教师可利用平台的互动功能来弥补师生间简单的言语对话的不足，真实把握学生的学习水平。

（2）设计探究问题增加互动

在线学习容易变成教师主播式的一言堂，这也是传统教学中颇受质疑的方面。在教师讲解过程中，应尽可能以提问来驱动学生思维，让学生在问题的引领下实现观点交流和思维碰撞。其中问题的设计，不仅要关注学生的认知维度，还要关注其能力维度和情感维度。问题的答案也不能仅是简单知识的记忆，而是要适当增加一些分析、评价、创造类的高阶思维活动。

（3）利用学习小组增加互动

学习小组不仅可以在线下建立，也可以建立在线上。全体学生共同参与到班级的线上学习中，分组研讨，利用多种平台进行交流，再将交流结果呈现在班级学习群中或共享资料区。

（4）完善评价机制提高互动质量

在线教学的平台都有大数据统计，这些数据统计能够对学生参与度的评价提供量上的参考。但是只看量是不够的，更应注重学生参与的"质"，这就需要建立多元评价机制。比如来自学习小组的评价、来自家长的评价，学生讨论区的表现、上传图片的互动表现、上传语音的互动表现等。教师可以通过完善评价机制来引导学生积极主动地投入线上学习。

2. 提升线上教学管理效果的策略

在传统课堂教学中，教师教学的调控能力、备课情况对教学效果起到重要作用。在线上教学中，如果只是以教师主播的方式呈现教学内容，很难真正起到线上教学管理的作用。从某种程度上来说，这只是为学生提供了必要的学习资源。

（1）注重培养学生主动学习的习惯

线上教学最大问题在于教师无法准确掌握学生真实的学习状态，及时获取学生学习的反馈。教师的担心也恰恰反映出线下教学中教师对学生的极度控制。随着教学从线下转为线上，学生自主性成了影响教学质量的重要因素，教师不得不学会放手，以培养学生主动学习的习惯。

备课环节除考虑到课堂的互动性因素外，教师还应重点思考哪些内容适合在线下由学生自主完成，哪些内容适合在线上集中学习。为培养学生主动学习的习惯，教师可以在单元整体备课的基础上，通过开发学习活动单、设置学习任务群、布置简单的前置性作业等方式，培养学生的阅读习惯、探究习惯，让学生带着问题参与线上教学。当学生逐渐培养起主动学习的习惯后，线上学习的自律性也会相应提高。

（2）关注学生的线上真实反馈

除了从平台使用、问题设计、小组学习、评价机制等角度增加线上教学的互动性外，教师还可以通过多种手段关注学生的真实反馈。比如，在教师讲解过程中，要求学生打开视频功能，了解学生端的听课状态；随机提问可能挂机听课的学生，提醒其集中注意力；设置不同层次难度的问题，安排不同层次的学生回答；提供线下思考时间，要求上传成果进行展示；通过小组汇报，了解学生真实的参与情况等。通过多种手段让学生明确线上反馈学习成果的方式和重要意义，消除学生的侥幸心理。

（3）建立多元积极评价机制

通过师生互动、小组合作、展示学生的学习成果，让学生体验到学习的成就感。教师要善于抓住各种契机，对学生进行积极评价。

3. 提升作业管理效度的策略

（1）依据类型，选择发布平台

在线上通过问卷星、QQ、钉钉作业、小七学伴、猿题库等均可实现作业的发布与评阅。教师布置作业时，可依据作业类型选择合适的平台发布。如客观题可以选择小七学伴或问卷星；题库选题可选猿题库……每个平台的功能都不可能尽善尽美，这就需要教师多关注不同平台的功能。

（2）写好评语，增加沟通交流

教师批改作业时，不仅要关注学生知识的掌握情况，也要关注学生思维的发展变化，还要关注学生完成作业的态度。学生花了很多时间完成作业，得到了有创意的解法，他们渴望及时得到教师的认可，以找到学习的成就感。因此，教师批改作业要及时，对学生存在的问题应圈点勾画，多给些指导性的建议。评语除了以文字形式呈现，还可以借助多种平台以语音、图片、微视频等方式呈现，以增加其生动性。

（3）多元评价，激励学生改进

教师可根据学生提交作业的积极性、规范性、准确率、改错情况等对学生进行多元评价，树立典型，引导学生认真完成作业。比如，教师可定期发布一些优秀作业，在班级群或家长群中展示，以发挥正向激励效应。为培养学生良好的作业习惯，教师还可以发挥平台的大数据统计功能，做好作业跟踪，激励学生认真完成作业。结合学生在大型考试中的进步情况，教师可展示其作业中的亮点，发挥其榜样示范作用。

第三节　对疫情情况调研报告

对疫情期间密云区初中数学线上教学情况的调研报告

密云区教师研修学院　崔永学　郭　喆

2020 年突如其来的新冠疫情，使得线上教学成为当前教师教学必须面对的一个新课题。时空的转换、教与学形式的变化，以及学生个人自觉性等因素的限制，对学校的管理、教师的线上教学，以及学生的学习提出了严峻的考验。在此期间，大部分教师困扰于"抓不着、盯不紧"学生的苦恼，而这一现状的确是线上教学阶段教师所面临的最大的工作难点，这一问题的解决将成为提升线上教学效果的一项重要突破口。

一、调研目的

充分了解教师在线上教学过程中的教学内容的设计、教学方法的实施、课后作业的监控及检测辅导、教研需求等情况，发现问题、汇总优秀的经验和方法，针对线上教学存在的问题，为后续提升在线教学效果、改进线上教研工作方式方法，制订有效措施，提出建设性的指导意见。

二、调研对象

本次线上问卷调研对象为密云区初中年级 177 名数学教师，共回收有效调研问卷 167 份。

三、调研方法

自编"疫情期间初中数学线上教学情况调研问卷"，问卷在编制过程中经过多次讨论、修改和完善，问卷采用不记名方式，以确保调查信息客观、真实。

四、调研内容

本次调研问卷的设计，包括以下三个维度：第一维度是针对线上教学的备课方式、教学内容、教学方式、教学监管的策略与方法的调研；第二维度是对线上教学期间，课后作业的布置与监控、检测方式及实施、课后辅导情况的调研；第三维度是对于学科教学及线上教研的需求调研。

五、调研问卷

疫情期间初中数学线上教学情况调研问卷

各位初中数学教师，您好！本次问卷调研采用不记名方式进行，调研结果将用于对线上教研及教学等情况的统计分析，为后续线上教研及教学工作的开展与改进提供服务。因此，请各位教师如实填写，谢谢您的参与和支持！

1. 您在线上教学期间主要采用的备课方式是（　　）。
   A. 教研组深度研讨，集体备课　　　　B. 备课组深度研讨，集体备课
   C. 个人单独备课

2. 您在线上教学的过程中，教学内容的安排源于（　　）。
   A. 跟进区级推送　　B. 结合区级推送，答疑指导　C. 结合区级课件，自主授课
   D. 结合学情自制课件，自主授课　　　E. 其他（具体说明）＿＿＿＿＿＿

3. 您在线上教学的过程中采用的教学方式主要是（　　）。
   A. 讲授式　　　　　　　　　　B. 讲授式为主，有简单问答
   C. 学生自主学习为主，教师点拨指导
   D. 学生自主学习+合作，教师点拨指导（说明合作方式）＿＿＿＿＿＿

4. 在线上教学期间，您常用的测试反馈方式是（　　）。（请选择 1~2 项）

　　A. 随堂检测　　　　　B. 周测　　　　　　C. 月测

　　D. 单元/专题检测　　E. 其他方式（具体说明）_____

5. 在线上教学期间，您常用的课后辅导方式是（　　）。（请选择 1~2 项）

　　A. 结合学生提问，给予解答　　　　B. 汇总作业中的共性问题，集中讲解

　　C. 针对作业中的个性问题，单独辅导　　D. 利用学习小组，由组长批阅讲解

　　E. 根据学生学情，有针对性分层辅导　　F. 其他做法（具体说明）_____

6. 在线上教学的过程中，您在以下哪些方面有好的经验及做法？（　　）（最少选择 1 项）

　　A. 教学软件的使用　　　B. 教学策略　　　　C. 课件制作

　　D. 作业设计　　　　　　E. 学生管理　　　　F. 无

　　G. 其他（具体说明）_____

7. 在线上教学期间，您是采用何种方法提高学生线上学习效果的？请简要说明。

8. 简要说明您在线上教学期间，监控学生作业完成情况的主要措施和方法。

9. 对于线上研修内容，您主要在下列哪些方面有所需求？（　　）（请选择 1~2 项）

　　A. 课标解读　　　　　　B. 教材分析　　　　C. 中考备考

　　D. 教法指导　　　　　　E. 优质课例学习

10. 聚焦学科教学，您还有哪些方面的需求？（请列出 1~2 点）

六、调研结果

（一）第一维度

第 1 题的调研结果如图 1 所示。

选项	比例
A. 教研组深度研讨，集体备课	12.57%
B. 备课组深度研讨，集体备课	73.05%
C. 个人单独备课	14.37%

图 1　第 1 题的调研结果

图 1 中数据说明，在线教学期间，我区各校备课组活动比较充分。73.05% 的教师能够积极参与到备课组活动中，通过深度研讨，借助集体的力量和智慧，有目的、有计划

地筹备和实施线上教学。教研组活动最为薄弱，暴露出各校缺乏对三个年级教学内容的整体规划及单元整合。个人单独备课的占 14.37%，主要因个别山区校和平原校，受学生和教学班数量的限制，一个年级仅有一位数学教师，因此采用单独备课的方式。但是仍然存在极个别学校虽有几人任教同一年级，但相互之间也没有交流和沟通，出现单独备课的现象。

第 2 题的调研结果如图 2 所示。

选项	比例
A.跟进区级推送	8.98%
B.结合区级推送，答疑指导	25.75%
C.结合区级课件，自主授课	40.12%
D.结合学情自制课件，自主授课	24.55%
E.其他（具体说明）	0.6%

图 2　第 2 题的调研结果

图 2 中数据表明，线上教学期间大力录制和推送区级资源是很有必要的。将近65.87%的教师选择结合区级推送的资源作为教学内容的主要来源。但由于录课时间限制，教学内容安排紧凑，数学知识联系性强等情况，学生直接观摩接受起来相对吃力，因此其中有40.12%的教师选择结合区级课件，自主授课的方式展开教学，这样更加有利于学生知识的掌握和教学内容的有效落实。而34.73%的教师选择主要结合区级资源跟进，或有答疑指导，这说明缺乏线上自主授课，教学效果势必会有所降低。其中，还有24.55%的教师没有选择区级资源，根据学情独自设计教学内容、制作课件、自主授课，这种方式针对性较强，教学准备更加充分，也更为辛苦，教学效果相对其他方式应有一定提高，具体情况有待结合学生学业数据进一步调研。

第 3 题的调研结果如图 3 所示。

选项	比例
A.讲授式	8.98%
B.讲授式为主，有简单问答	80.24%
C.学生自主学习为主，教师点拨指导	8.98%
D.学生自主学习+合作，教师点拨指导(说明合作方式)	1.8%

图 3　第 3 题的调研结果

图 3 中数据表明，受线上教学各因素的限制，80.24%的教师选择以讲授式为主，有简单问答的方式进行教学，而设计学生自主学习、或有合作探究活动教学方式的教师仅

占 10.78%，这反映出线上教学期间，学生自主参与学习活动的机会非常少，主要以接受式听讲为主。从讲授为主的教学方式对学生自主发现、提出、分析和解决问题的能力的培养会造成一定影响，若再缺乏线上教学的监管力度，则教学效果不容乐观。

第 7 题的调研结果如图 4 所示。

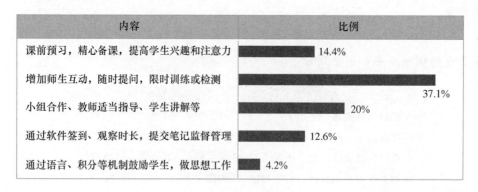

内容	比例
课前预习，精心备课，提高学生兴趣和注意力	14.4%
增加师生互动，随时提问，限时训练或检测	37.1%
小组合作、教师适当指导、学生讲解等	20%
通过软件签到、观察时长，提交笔记监督管理	12.6%
通过语言、积分等机制鼓励学生，做思想工作	4.2%

图 4　第 7 题的调研结果

此题为简答题，本处只对主要方法进行了统计。通过对教师提交问卷整理、分类、统计及分析，教师在线上教学过程中，通过增加师生互动，采取随时提问、当堂检测的方式来提升学习效果占比为 37.1%，而这种方法效果也是最为明显的。其次是借助小组合作的方式，学生间相互交流辅导，必要时教师适当指导或学生讲解的方式占比 20%，这种方式突出学生自主学习的地位。能从教学设计角度出发，通过课前预习、精心备课的方式提高学生兴趣和注意力的教师占比为 14.4%，这部分的教师是非常重视自身教学设计质量的，意图通过优质的教学设计及教学过程提升学生学习效果。利用软件签到打卡、提交笔记进行监督管理的方式占比为 12.6%。能够通过设计相关激励机制，从思想上提升学生学习意识的教师仅占 4.2%，这说明大部分数学教师在和学生的心理沟通上相对欠缺。

（二）第二维度

第 4 题的调研结果如图 5 所示。

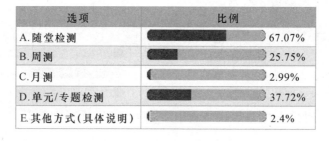

选项	比例
A.随堂检测	67.07%
B.周测	25.75%
C.月测	2.99%
D.单元/专题检测	37.72%
E.其他方式（具体说明）	2.4%

图 5　第 4 题的调研结果

此题为多选题，限选 1~2 项。从图 5 中数据来看，67.07% 的教师会设计随堂检测，这对于教师监控学生线上学习状态、掌握学生听课效果具有一定的促进作用。另外，还有 25.75% 和 37.72% 的教师安排周测和单元/专题检测，这种利用持续性跟进的评估方式不仅可以达到有效落实线上教学效果的目的，还有利于学生对于阶段性学习内容的整体感知和知识结构的搭建。

第 5 题的调研结果如图 6 所示。

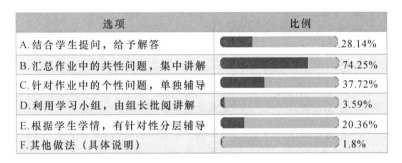

选项	比例
A.结合学生提问，给予解答	28.14%
B.汇总作业中的共性问题，集中讲解	74.25%
C.针对作业中的个性问题，单独辅导	37.72%
D.利用学习小组，由组长批阅讲解	3.59%
E.根据学生学情，有针对性分层辅导	20.36%
F.其他做法（具体说明）	1.8%

图 6　第 5 题的调研结果

此题为多选题，限选 1~2 项。从图 6 中数据来看，74.25% 的教师通过汇总作业中的共性问题集中讲解，37.72% 的教师针对作业中的个性问题单独辅导，当然这两个数据中会存在交集，这种情况说明教师对学生线下作业的订正与后续跟进尤为重视，同时也说明教师们课后辅导的内容主要源于作业。有 28.14% 的教师会结合学生提问的内容，随时给予解答；还有 20.36% 的教师能够根据学生学情进行有针对性的分层辅导，这对于不同层次学生的学习水平的提升具有一定的促进作用。

第 8 题的调研结果如图 7 所示。

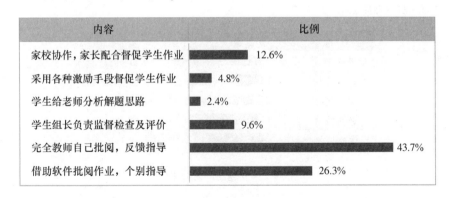

内容	比例
家校协作，家长配合督促学生作业	12.6%
采用各种激励手段督促学生作业	4.8%
学生给老师分析解题思路	2.4%
学生组长负责监督检查及评价	9.6%
完全教师自己批阅，反馈指导	43.7%
借助软件批阅作业，个别指导	26.3%

图 7　第 8 题的调研结果

此题为简答题，本处只对主要措施和方法进行了统计。通过对教师提交问卷整理、分类、统计及分析，教师完全自己批阅作业和反馈指导的占 43.7%，这部分教师非常辛苦，但对学生学习效果的把握会了然于心，更有利于巩固核心知识、提升学生学习效果；借助软件批阅作业再个别指导的教师占 26.3%。采用以上两种方式的教师共计占比为 70%，这些老师能够及时跟进作业，结合学生作业问题及时反馈，给予指导。其他做法基本上针对的是优生和不完成作业的学生，说明将近 30% 的教师对待任何一个学生仍然是尽力提携，绝不放弃的。

（三）第三维度

第 6 题的调研结果如图 8 所示。

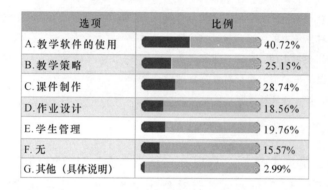

图 8　第 6 题的调研结果

此题为多选题，至少要选 1 项。图 8 中数据表明，40.72% 的教师对教学软件的使用经验较为丰富，其次是课件制作，他们在教学策略、作业设计及学生管理方面也具备一定的经验。有 15.57% 的教师在各个方面都没有积累相应的经验。这一问题的设计，主要是为在后续教研工作开展的过程中选拔优秀教师进行经验交流做好准备。

第 9 题的调研结果如图 9 所示。

选项	比例
A.课标解读	11.98%
B.教材分析	23.35%
C.中考备考	38.32%
D.教法指导	52.1%
E.优质课例学习	49.1%

图 9　第 9 题的调研结果

此题为多选题，限选 1~2 项。图 9 中数据表明，在线教学期间，我区初中数学教师对研修内容需求最为突出的是教法指导和优质课例学习，两者分别占比为 52.1% 和 49.1%；对中考备考的需求占比为 38.32%，这一需求也主要体现在即将升入初三教学的教师群体中。

第10题的调研结果如图10所示。

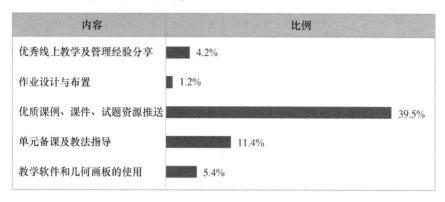

内容	比例
优秀线上教学及管理经验分享	4.2%
作业设计与布置	1.2%
优质课例、课件、试题资源推送	39.5%
单元备课及教法指导	11.4%
教学软件和几何画板的使用	5.4%

图10　第10题的调研结果

此题为简答题，此处对相对集中的答案进行统计。通过对教师提交的问卷进行整理、分类、统计及分析，发现教师在学科教学方面，对于优质课例、课件、试题等资源的需求仍很强烈的占比为39.5%。有11.4%的教师对于单元备课及教法指导具有学习的主动意愿。另外，还有个别教师需要教学软件和几何画板的使用、作业设计与布置和教学管理等相关培训，以提升自身的教学能力。

七、调研发现

（一）线上教学的现状

各校教备组活动相对充分。全区大部分教师结合区级录制课程资源有序推进线上教学，教学方式以讲授和提问为主，能够采取检测、签到、小组合作、奖励等相应手段提升线上教学效果。线下期间，全区大部分教师能够及时批阅作业，并针对作业中的问题及时反馈，进行集中或个别指导，有效促进线上学习效果的提升。

（二）线上教学期间存在的问题

教研组深度教研不充分，缺乏系统的教学规划。能够结合学情，通过创设学生自主探究、合作交流来进行自主教学设计的教师尤为缺乏。大部分教师虽然教学非常认真，但受时间、精力等因素的限制，在自主设计教学内容、课件制作上具有一定的惰性，因此其对课例课件、试题等资源方面的需求较为突出。线上教学过程中，教师缺乏有效监控和管理学生的办法；在线下作业反馈和课后辅导方面，教师缺乏相应的分层指导方法，对于学生两极分化的情况的指导力度也相对薄弱。

八、后续工作改进措施

加强教备组建设，持续跟进指导教备组活动，推进校本教研；结合教师需求，加强单元教学及教法指导，持续推送优质资源；根据线上教学暴露出来的问题，加强教学过程中的学习活动及教师提问设计的指导，体现学生主体地位，发展学生思维；请教师交流线上教学及课后辅导的优秀经验和方法，提升教师线上教学及监控管理能力。

第四节　工作室成员线上教学实践与反思

线上教学的实践心得

密云五中　梁　帅

自 2012 年提出"互联网+"以来，很多行业已经开始和互联网进行融合，教育行业在这方面也有发展，衍生出了很多的线上教育机构，我们平时的教学偶尔也会通过互联网将优质的学习资源与同学们进行分享，但线上的学习对于绝大多数教师与同学来说都是一种辅助，学习的主要场所依然是线下的学校教育。

2020 年疫情的出现，促使"互联网+"教育迅速地发展，教学的主场转到了线上。最初的"线上教学"教师与学生都不太适应，原本学生可以从面对面的交流互动中快速捕捉知识与技能，但在线上教学他们集中注意力都会有困难；原本教师借助课上问题回答及课下作业的反馈可以掌握学生的学习情况，随时调整教学计划，现在却连讲完课程内容都比较匆忙；在这几个月的线上教学实践中，教师思考最多的就是如何进行有效的线上教学，以及如何对线上学习的成果进行及时有效的评价。关于有效的课后评价及反馈，在整个的线上教学过程中，我进行了几次的调整并将实践过程整理出来，在此进行分享。

在最初的线上课程中，我最关注的是学生回答问题的情况，想利用问题吸引学生的注意力，并得到课堂学习的第一手反馈信息，但是两节课过后我就发现，提问虽然可以让学生的注意力一直紧绷，但是一问一答之间耗费的时间太多了，不能保证完成课堂授课内容。这就需要找到能够在保证完成线上课程内容的同时得到及时反馈的方法。具体实践过程如下。

第一步，面向全体，限时完成课堂检测。减少课堂上的一问一答，节省出时间完成课堂授课内容。利用每节课下课前的 3 分钟，限时让学生完成一个或两个与本节课的主要知识有关的题，并要求用微信上传答题过程。"限时"可以尽量地保证学生完成的独立性，也可以尽可能地调动学生参与的积极性。但是，每天近 80 人次的微信阅读量与批改工作量很大，因此设计的题目要精，除了要能够代表本节课的主要知识内容外，还要考虑是否方便判阅。

第二步，分层作业，建立学习圈子。通过临下课前的检测得到了第一手的反馈信息，接下来根据检测的反馈信息分层布置作业，并由学生自主组建"小团体"，每名同学参加两个"数学学习圈"。两个圈子即有两层考虑，第一层是同水平的学生组建的圈子，这样讨论问题深浅一致，方便对不同层次的学生进行有针对性的指导；第二层是水平不同的同学组建圈子，可以利用学生间的交流来巩固知识学习，同时也可以减轻教师的工作量。在水平相同的圈子里，教师的作用是引导学生讨论，在学生讨论不能继续的情况下，教师组织线上会议课程，解决学生的难题。在水平不同的同学组成的圈子里，教师负责每个圈子内四个同学作业的检测判阅工作，其中两个是圈子内数学学习踏实、责任心强的学生，这两名学生负责圈子内其余同学作业的检测判阅工作，教师听取反馈；另外两个是圈子内最调皮、手懒的学生，由老师自己负责，掌握这部分学生的学习情况。

第三步，多种多样的改错方法。在收集作业反馈的情况下，改错成了第二次收集反馈的方法。单一的改错方式除了枯燥还经常出现学生应付交差的情况，因此要设计多种改错方式，保证改错的质量，利用好二次反馈。我主要采用的方式有以下几种：让学生语音解读自己的错误，并修改后上交；学生录制改错、讲解视频；师生利用腾讯会议单约会议室进行交流。

通过以上实践的尝试与调整，我较好地收集了学生线上学习的反馈，并针对具体的反馈内容制订新的教学计划。

线上教学实践与反思

大城子学校　董学燕

在"停课不停学"的加长假期里，线上教学成为教学的主要形式。相比传统课堂教学，在线学习对学生自觉性要求更高，教师角色变得更为多重，这个时刻教师更应成为学生学习的支持者和督促者。由于受到各种因素的影响，网课的质量无法与正常的课堂教学相媲美是教师不得不面对的现实，如何缩小线上线下教学的差距？怎样为学生提供最好的学习支持？怎样有效地监督学生学习？这些都是我们每位教师应该思考的问题。

一、资源选择

1. 平台的选择

我选择直播平台主要关注两点：一要有屏幕共享功能，这样可以将PPT与手写板相结合；二要有回放功能，这样有利于网络不好的同学能够利用回放功能学习。通过多次试播，学生们对钉钉的效果很满意，我最终选择了钉钉。同时建立班级微信群，便于上传学习资料和交流沟通。

2. 学习资源的选择

上课前将区级直播课堂的课件和学案发给学生，让学生提前做预习，这样孩子们在听课和记笔记时都更从容。

3. 特色资源的选择

传统课堂中的尺规作图教学，是由教师给学生进行演示，学生极容易接受、学会。但在线上教学中，学生看不到老师的演示，只凭语言叙述，学生很难学会，因此，录制小视频在线上课堂播放，学生就会比较容易接受。另外，我还鼓励学生自己录制解题视频，在课堂上播放。这样有助于建立学生的自信心和成就感，调动孩子们的学习积极性。

二、互动方式

相比之前的线下教学，最大的不同是要增加有效的监督环节，教师时刻掌握学生的学习情况，并根据学习进度采取相应措施。为了保证每个学生都不掉队，我用课堂打卡、有奖抢答、定时提醒、直播答疑……各种"招数"督促学生。正式课程开始前十分钟开始直播，同学们进入并签到。课一开始我先创设一个问题情景，然后与学生进行交流，引发学生的深入思考，再要求学生带着问题看录播课堂。学生看完视频后，继续围绕着之前提出的问题，展开思维活动。

课堂提问时，回答问题的同学申请连麦，接通后，所有的同学都能看到该同学，能听到他（她）的回答。学生有任何疑问时，也可以申请连麦，提出自己的问题。我在上课过程中要留意钉钉群或者微信群的消息，如果网络出现卡顿等情况时，学生会在群里及时告诉教师。鉴于目前的学习状态，完全凭教师一个人监督肯定是不行，这时候小组合作学习是有效的方式，不仅可以缓解教师的压力，还能让同学之间互帮互助，共同提高。

三、评价方式

评价是为了全面了解学生的学习状况、激励学生的学习热情、促进学生的全面发展、保障线上教学质量。

1. 出勤

按照学习时间表，利用钉钉对学生的签到和学习时长情况进行统计。

2. 笔记

课程结束的时候，要求学生上传笔记，通过晒笔记的方式鼓励学生进行展示。通过笔记情况对学生的听课的情况做到心中有数，并对个别有进步或是有问题的同学进行反馈。

3. 课堂检测

充分利用学习平台的功能，依据学科特点创建快捷方便的反馈方式，统计学生利用所学知识解决问题的参与情况，及时收集学生学情，以便随时调整教学内容与方法，进一步评估教学效果。

4. 课堂表现

学生与教师通过网络联系，教师以当堂师生、生生互动反馈为主，既要关注学生数学思维能力与发展水平，也要关注学生发现问题和解决问题的能力。

四、作业管理

钉钉为我的工作提供了很大便利。我建立了自己的班级群，班级群里有家校本、群公告，我发布的信息所有学生和家长都看得见，我还可以看信息已读与未读情况，以便随时加以提醒。我每天在家校本上布置作业，提要求，学生用家校本上传作业照片，我批改后根据学生的差异和具体情况附以简短的评语。例如，对表现优异的学生采用激励性的评语——"批改你的作业真是一种美的享受，不过再仔细一点将会更好"；对有进步的学生采用奖励性的评语——"最近你的作业进步了，奖你一颗★"；对希望进步的学生采用期待性评语——"你是个聪明的孩子，常常想出与众不同的解法，如果书写再认真一点、正确率再高一点就更好了"；对那些自暴自弃，在老师帮助教育后有点滴进步的同学，也绝不吝惜自己的褒扬之词，使他们体会到被关注、被认可的喜悦，逐渐找回自己的自尊心和自信心。钉钉家校本上还有优秀作业的评选。我每天都会精心选择一些好作业分享到钉钉中的班级群，营造一个浓厚的学习氛围。

线上教学之我见

密云三中 石婷婷

2020年伊始的这场疫情不仅给中国的经济带来了不小的冲击，也给我们的教育带来了巨大转变，迫使我们要有新的思考与行动。"线上教学，网络课程"被推到了必行时刻。作为数学教师，我们不得不思考该如何做好线上教学。线上教学对老师的教学能力提出了更高的要求。教师要有基于信息手段开展有效教学和有效互动的能力，也要有基于信息手段开展有效管理和有效检测的能力，还要有基于信息手段开展有效评价和有效反馈的能力。

首先，丰富的课程资源成为线上教学的坚强后盾，多变的互动方式搞活了线上教学的课堂气氛。线上教学如火如荼地展开后，教委为学生们准备了市级和区级的精品课程，搭建起了高质量的空中课堂。同时，为了给本校学生提供适合自己特点的专有课程，各个学校也都安排了骨干教师为学生录制校级课程资源或由本班教师自己直播。如此一来，与校内的传统上课方式相比，学生获得的课程资源丰富了，质量也高了，学生实现了课程资源的多渠道选择。

当然，为了实现高效课堂的目的，教师需要高效使用教学平台的互动功能搞活课堂气氛，提高学生学习效率。比如在每节课的复习环节，教师可以通过平台的"弹幕飘飘"功能，将学生语音转成文字来了解学生对所学知识的掌握情况，提问由传统的一问一答转变为现在的一问多答，并且互不干扰。在新课讲解环节，教师可以通过平台单独连麦学生，由一名学生引导其他学生进行思考，也可以集体打开话筒，在有规则的前提下有序组织讨论。在练习巩固环节，可以通过平台的"拍照"功能，让学生上传练习，再精选典型答案共享，并进行现场讲解。

其次，多种管理手段成为线上教学的有力保障，多种软件为线上教学提供了方便。线上教学实施后，教师与学生不能实际接触，这就需要学生有很强的自主学习能力，但是很多孩子并不具备这种良好的自我管理能力，于是教师可以采取多种管理手段和指导方式来实现对学生的高效管理。教师为了保证学生按时上课不迟到，可以通过平台打卡签到，督促学生做到准时守约；为了监督学生上课做笔记，避免网络课程只听不写的现象，可以要求学生将笔记的照片通过平台上传；为了保证学生有组织地进行小组讨论，可以通过微信、QQ或钉钉对学生进行分组。网络课堂避免了同学之间的些许羞涩，使得很多学生由平时的课堂"旁观者"变成了"参与者"，原本课堂上不敢提问的学生也变得勇敢了，他们提问的机会也变多了。通过语音、文字和小视频的方式进行的讨论都可以回看，一个问题经常得到多种解答，如此下来，学生的独立自主能力有了很大提高。为了看到学生的思考过程，我要求学生将计算步骤写在题目旁边，然后将照片发到小组群里，由小组长判本组七个同学的作业，经指导改正后，再交到教师手里。这样既锻炼了组长的能力也减轻了教师的负担。每个周末学生要进行测试，教师可以通过钉钉统一发题，由家长监考，考完统一上传试卷，教师逐一批阅并留言。相比传统的批阅方式，这种线上方式增加了老师与学生之间的一对一的交流。

最后，多方面的评价成了线上教学的辅助，多种反馈方式增加了家长对孩子的了解。线上教学使得学生与网络的接触越来越多。对学生的评价不仅表现在网络课堂中老师对学生的表扬与指点，还更多地表现在了在小组群内同学之间的互评，这不仅搞活了群内的氛围，而且使得学生更易接受同龄人之间的建议。这些评价不仅有对学生课堂上知识和技能掌握情况的评价，也有对学生数学思考和问题解决能力的评价，更有对学生情感态度的评价，而这些教师评价、学生评价、自我评价都被网络记录了下来，家长可以通过这些评价来了解自己的孩子。家长由原来的阶段性了解孩子的在校情况变为现在的天天了解孩子在家的学习情况。

线上教学虽有优点，但也有不足。对于比较有个性的学生，会因隔着手机或电脑屏幕缺少情感的交流，使得他们融入集体生活越来越困难；对于自控能力非常薄弱的学生或家庭组成比较特殊的学生，线上教学使得他们处于脱管状态。我认为今后的教学应采用线上教学与线下课堂相结合的方式，这样既有利于学生的身心健康，又能使学生获得各种优质资源。

线上教学实践与反思

密云区不老屯中学　姜苹苹

学习应该既不囿于学校围墙之内，又不困于时间、地点之限。在2020年这场疫情暴发的特殊时期，"线上教学"以其时空上的自由性，成为沟通师生双方教与学的首选方式。各校对于"线上教学"都积极应对，各校间也在彼此交流经验，相互学习，力求能解决"线上教学"中带来的新问题。现就我校进行"线上教学"方面的一些想法和做法总结如下。

一、资源选择

疫情来得突然，也使得我校教师明显感觉到信息技术水平的不足，在校领导和电教员老师的不断对比，不断筛选后，我校线上教学采用钉钉直播系统。这个系统有很多强大的功能，能直播课程，能收看回放，能采用视频会议方式互动……开学初，从上到下不同层面的教职工都在研究钉钉系统的使用，各位老师在教研组的带领下，不断学习摸索钉钉的各种功能。我们在学习钉钉功能的使用的同时，还在教研组的带领下，继续研究 101 课件资源的使用。随着线上教学的进行，我们不断探索信息技术以适应教学的需求。

二、互动方式

在线上教学开始阶段，我们主要采用的是钉钉直播方式，想着有没听懂的学生也可以回看。但是理想很丰满，现实很骨感，由于课上我们看不到学生，无法掌握学生的听课状态，不能及时收到学生的听课效果反馈，无法对学生进行较好的课堂管理。另外在线上教学过程中，也不能点名提问某个学生，了解他的思维状态。一周后，我对学生进行了测验，测验结果非常令人失望。测验内容都是练习过的原题，但因为很多学生都做不出来，更意外的是有些学生竟用的高中公式解题，显然这是利用网络查询了答案，我挫败感非常强，顿时意识到这样的教学不行。在教师交流会上，我提出了这些问题，大家也有共同的困惑，经过一番讨论后，大家决定转变方式，试用视频会议进行线上教学，因为这样可以与学生进行实时互动，可以使用屏幕共享课件，也可以看回放。通过课堂提问互动，学生挂机情况明显减少，教师也能及时了解学生的问题所在，对症下药。

进行线上教学，教师既要精通设备的使用，又要制作适宜的课件，因为没有板书，所有内容都要呈现在课件上。因为数学课件的制作尤为复杂，所以随后我们又研究了101 课件资源的使用。由于学生手里没有课本，我们就一再要求学生做好笔记，并在下课前拍笔记上传。个别同学由于种种原因，不能按要求做，甚至还有个别学生不能准时进入课堂，对于这样的学生，我们课下电话跟踪，问清原因，并及时上报到教务处。教务处对每天上线的学生进行统计，及时汇报给相关部门。

三、评价方式

我们把对学生的评价放在每节课中。比如小测前 5 名的学生，抢答正确的学生都会在课堂表现方面获得加分，这些分数与周测成绩挂钩，最终体现在学生的综合素质测评中。

四、作业管理

每节课后，教师们都会在钉钉的家校本中布置相应的作业。教师对学生每日的作业进行一对一点评，在班级中进行总体概括性评价，分享优秀作业案例，树立优秀作业典范，对学生以鼓励引导为主。根据学校的要求，语数英三科每天必留作业，其他科目按每周上课次数留作业，教务处每天对教师的作业批改情况进行检查。

五、反思

我对线上教学有三个方面的反思。一是在备课中我会去很认真地斟酌教学内容，思考某些内容是否可以不在课上讲，而是放在课前给学生自学，或放在课后用来检测学生学习情况。二是在教学过程中如何与学生开展互动式教学，如何去检测学生是否"真正在线""真正学会"。三是在线上教学中，我觉得可以提供给学生一些资源和途径，放手让学生进行自主探究，以提高学生自主解决问题的能力。

尽管线上教学对于师生们都还存在着一些问题与困难，但我坚信疫情会过去，问题会解决，困难会克服。

线上教学实践与反思

密云区第五中学　于江茹

2020 年初始，一场突如其来的疫情几乎改变了所有人的生活，全国上下都在居家隔离，对抗这场没有硝烟的战争。为了不影响学生们的学习，做到停课不停学，学校组织教师学习了腾讯视频会议的软件，从此上课的方式变为了线上教学模式。从传统的课堂转入线上授课，对老师来说是一个极大的挑战。为了保证上课的质量，我们在上网课的过程中不断地尝试、适应，交流经验，摸索有效的上课方法，使线上教学变得更有效。经过不到两个月的线上教学，我有了以下的收获。

一、课前准备

因为网络授课的时间是有限的，而且教师在授课时，不能时刻关注到学生的表情，不能通过他们的表情来判断他们对所讲解的知识的接受程度。所以在课前准备时，我们要先关注课程标准对学习内容的要求，确定学生学习的目标，然后通过整理不同的习题资料进行分类，再根据学生的接受情况，决定安排多少节课可以完成这些教学内容，与此同时，课上练习和课下作业也要有很高的相关度，并且作业要有分层。

二、课堂教学

课前我通过发微信提醒学生提前 5 分钟进入课堂，提醒学生上课需要的资料，让学生从心理上和学习用品上都做好准备。上课的前 5 分钟是课前小测，小测的内容是前一节课的一些相关知识。针对上次家庭作业或是前一节课课前小测中学生出错多的题目，我会在上课前统一纠正、讲解。正式授新课时，为了尽量避免网络教学的一些弊端，我会采取多种形式的互动，调动学生们的积极性。

在讲解例题时，我会采取问题串的形式提问不同的学生，引发学生的思考。这种提问有时是学生自愿回答，有时是我点名提问。通过提问可以确保学生在上课期间保持注意力集中的状态。

在例题讲完后的答疑时间，我会追问学生是否有疑问，鼓励学生不懂就问。这样可以大大增加学生们的参与度，也让他们变被动为主动思考。

在练习的环节中，我先让学生独立思考一段时间后，再让学生把解题过程拍成照片发到班级数学群里。通过屏幕共享的方式展示优秀的解题过程的图片，这样对学生也是一种鼓励。针对典型的错误问题，我让学生以自行找错的方式给以纠正。通过这种形式的互动，学生能够互相学习，教师能够及时了解学生的学习情况，同时也避免了上课枯燥的情况，从而使网络课堂变得更加灵活有趣。

三、作业评价

网络课堂的作业形式相比传统课堂的也有了一定的变化，比如有传统的作业本上的作业，有录视频讲解的作业，还有观看视频的作业，形式更丰富了。对于作业本上的作业，我一般要求学生以照片的形式上传。我会及时批改作业，给出建议，学生看见后会第一时间订正。每天我会把学生完成作业的情况（只发完成作业的学生和作业优秀的学生的名单）以微信的形式发到家长群，让家长对学生的学习情况有一定的了解。除此之外我还会每天开一个答疑会，学生自愿参加，当天课上没有理解的问题，或是前一天作业有疑惑的都可以在这个会议上解决，对于学优生而言这也是核对选做作业答案和互相讲解的机会。

四、反思

线上教学有着无法比拟的优越性，同时也有不可避免缺点。

线上教学的优点：不受时间空间的限制，通过一台电脑，一部手机就可以开展教学活动，解决了疫情期间不能聚集的问题；学生学习方式丰富多样，学生可以看老师直播授课，还能看课程回放。线上教学的缺点：教师的角色变成了单纯的"网络主播"，即便老师讲得再绘声绘色，学生看久了也会产生疲劳，教学效果大打折扣；线上教学与现场的教学不同，老师无法约束学生，如果学生的自律性差，上课注意力不集中，上课玩游戏、听歌就会影响教学效果；线上教学的课堂学习气氛不足，线上教学教师无法巡视课堂，无法直接观察学生学习的状态，线上课堂没有教室里那种热烈的学习气氛。

总之，线上教学作为新生事物，需要我们摸索前行，不断交流和积累经验，希望线上教学今后成为传统教学的有利补充。

线上教学师生互动方法的思考

密云区高岭学校　孙芳雪

2020年春受新型冠状病毒肺炎疫情的影响，各学校纷纷通过线上教学的方式进行教学活动，以解决学生居家学习的问题。对于教师来说，线上教学区别于以往熟悉的传统课堂授课方式，对学生而言则由在校课堂学习转变为居家自我管理学习，这给教师和学生都带来了新的挑战。如何能既保证教学进度和质量，又能够让学生高效地学习？教与学应该采用怎样的方式？这些都是我思考的问题。

线上教学期间，根据学校的要求，并结合自身与学生的实际情况，我采用的是"选择教学资源＋直播教学"的授课方式。线上教学由于不是面对面的教学，教师和学生互动探究环节较少，甚至没有，使得学生不能深入参与课堂，学习效果受到影响。为了增加师生互动交流，提升教学质量，我采取了如下方法。

1. 利用平台的互助功能

大多数在线教育平台都自带一些互动的语音或文字交互功能，如屏幕共享，签到点名，举手投票，分组学习等，授课前教师要熟悉所用平台的互动功能。我在教学中使用的是钉钉软件，利用它的"互动面板"功能，所有的学生都可以参与问答，参与讨论，上传课堂练习等，教师可以通过此功能反馈的信息控制课堂，答疑解惑；钉钉的视频会议功能让老师和学生可以"面对面"地交流，减少了距离感。平台的这些功能增加了师生间的互动，提高了学生在课堂上的积极性。

2. 课前聊天，课后答疑

在线教学活动中，我一般提前 10 分钟进入课堂，有时候和同学们一起分享音乐或者小故事；有时候和学生聊聊天，询问学生最近居家的学习、生活状态，让学生分享一些家中趣事；有时候做几个小测试。我在了解学生近期状态的同时拉近了和学生间的心理距离，使学生乐于进入数学课堂。课后，学生可以利用微信和钉钉进行提问，这种交流的方式很灵活，不受时间和地点的限制，增加了师生的互动。

3. 设计问题串，课堂直播问答

教学过程是教师与学生交往互动，共同发展的过程，如果没有学生的参与，教学是不完整的。线上教学有自身的局限性，即使学生开着摄像头，师生互动的效果也不是很理想。因此，在教学中，我设计有价值的问题串，层层设问，请学生主动发言或随机邀请，加强与学生的对话。通过不断地追问和启发，引导学生逐层思考，激发学生思维。通过问答，我可以督促学生保持学习注意力，及时了解学生的学习状态和知识掌握情况，加强了师生间的互动和交流。

4. 设计任务单，创设互动情境

线上教学期间，我从区里和市里提供的资源包中选择适合自己班里学生的资源，通过平台下发给学生，让学生观看视频，进行学习。观看视频缺少师生间的互动，对于自制力弱的学生，学习效果不是很好，所以，学生的自主学习需要教师的引导和帮助。我根据选择的教学资源，设计适合自己班学生学习的任务单，让学生带着任务听课，积极思考，看完视频课程，学生分享听课过程中的思考和疑惑，我进行答疑。教学任务促进师生间互动的开展。

5. 线上讨论，合作学习

线上教学让小组讨论学习有了更自由、更宽松的空间。线上教学期间，我将学生重新分组，学生在组长的带领下，进行小组内笔记上传、学习资料下发、学习经验分享、答疑解惑等活动。线上教学以教师讲解为主，为了激发学生的学习兴趣，我也会布置合作学习的任务或就某一问题展开讨论，学生完成任务后进行展示汇报。展示汇报的形式有两种：利用课上时间以小组为单位汇报，其他学生提问、评价，教师点评；将小组讨论报告上传至平台，教师组织学生利用平台进行学习评价。教师及时点评奖励，提高学生参与热情。合作学习增加了生生互动、师生互动。

线上教学的特殊性给我们教师提出了新的挑战，需要我们不断探索和实践。不论是线上还是线下，都要尊重学生的学习特点，满足学生的学习要求。

浅谈如何提高农村学校线上教学的实效性

密云区东邵渠中学　张　余

2020年春节刚过，一场疫情席卷大地。为了"停课不停学"，从教育部到各级教育管理部门都高度重视，精心谋划，调动和利用一切资源，通过先进的网络平台为中小学在校学生提供教学服务，各个学校也开始采用线上教学。通过近一个学期的线上教学实践，很多学校和老师都发现了不同的问题，尤其像我们这样的农村学校，受很多条件所限，出现了一些亟待解决的问题。如何进行线上教学的资源选择？如何进行线上互动？如何进行有效的评价？如何督促学生进行自主学习？经过多方查阅资料，与其他同伴交流，我在教学实践中总结了以下几点方法。

1. 了解学生情况，选择合适资源

线上教学的核心是"资源+任务+反馈"，选择合适的教学资源是教学的基础。首先，我在所教授的学生中展开调查，了解学生比较喜欢"录播课"还是"直播课"；然后，认真观看了市级录播课和区级录播课；最后，汲取"两级"录播课的优秀教法，选择以本人授课为主，观看录播课为辅的形式，提前下发学案，课上利用课件及学案进行教学。

2. 多种形式互动，激发学习兴趣

线上学习中互动交流是难题。教学中，教师要根据教学内容、学生特点和学习情境来设置互动交流的方式。我的做法是在每节课课前用微信平台发布调查问卷，根据了解的学情安排教学内容，做到以学定教；在课堂上，选择腾讯会议，要求所有学生打开摄像头，利用电脑随时关注学生的听讲状态，利用手机投影（当作黑板）一边板书一边讲解；通过在线提问、随堂测验、讨论区小组研讨等多种形式，促进师生互动、生生互动，激发学生的学习兴趣。

3. 采用多种方式，进行有效评价

评价的主要目的是全面了解学生数学学习的过程和结果，激励学生学习和改进教师教学。线上教学也要采用多样化的评价方式，如课堂上采用连麦的形式抽查学生，通过视频互动答题；建立作业和"课堂小测"展示群，每天进行学习成果展评或全体、个体语音评价；利用微信平台中的"小小签到"或"作业登记簿"功能，每天打卡上传作业图片，教师判定等级、计分数或写评语；利用腾讯会议的"聊天"功能，设计相关问题，如"这节课我学到了什么？我什么地方没听懂？我的课后感悟"等，让学生进行自评。

4. 打卡结合展示，完善作业管理

适当的作业不仅可以巩固和检验线上教学活动的成果，也可以有效地激发学生继续进行线上学习的信心。我利用微信中的"小小签到"功能，让学生每天把作业和课堂笔记拍照上传，每天"打卡"。我在每张照片上批阅、标注，然后在留言框里写好评语，在微信群中提醒学生订正。针对普遍存在的问题和较难的题目，我会通过录制视频进行讲解。为了提高学生的理解和表达能力，我不定期地让学生录制视频讲解，并针对个别问题，一对一进行辅导。

为了激发学生的学习兴趣，发挥集体教育功能，我还组织学生利用微信群和美篇等平台，开展线上学习成果、优秀作业展示。通过树立模范、表扬进步，学生们的学习积极性被大大提高，作业的质量也越来越好。

5. 培养自主学习，唤醒学习欲望

自主学习不是简单地让学生自学，而是在教师指导下，学生开展积极主动的学习、有思维的学习。教师要精心设计预学、课堂、课后的学习任务，这样的学习任务要有一定的情境性、挑战性，以此激发学生的学习兴趣，唤醒学生的学习欲望，触发学生的学习思考，让学生感到自己是活动的主体，从而能积极主动地参与学习活动。

在这个科技飞速发展的时代，线上教学的模式给教师带来了全新的挑战，我们应该利用好网络教学平台，探索出更适合学生的教学方法，让学习更真实地发生。

线上教学实践与思考

密云区第六中学　赵　月

2020 年，突如其来的疫情使这一年成了不平凡的一年。疫情当前，教育部提出"停课不停学"。我的教学工作不得已由"三尺讲台"转为"网络直播"。我找设备，下软件，查资料，虽然有些手忙脚乱，但是依然做好了担当"十八线女主播"的准备。从开始的慌乱和各种卡顿，到后来的各种手段协调配合，我已经能够灵活适应线上教学，并且教学效果也有了大大提升！下面我就来总结一下这段时间我的教学体会。

一、前期准备

特殊时期，全新开始。网课对教师、学生和家长而言都是陌生的。因此，大家在很多方面都需要做出不少调整。

1. 心态调整

在线上直播这个特殊的课堂上，没有我熟悉的三尺讲台、没有我熟悉的方块黑板、没有我熟悉的小巧粉笔，只有我面前的笔记本电脑和鼠标，我该怎么在新的"阵地"上讲课呢？

我要准备的不仅是齐全的上课设备、网络的保障、操作的熟悉、上课内容的规划，更多的是从内心对网课这个新事物的接纳。我积极调整心态、转变观念，提前适应线上教学的模式，这样为后面有条不紊地开展教学、管理班级奠定了基础。

2. 技术学习

和大多数人一样，我开始对直播软件一窍不通，各种操作，各种转换都让我无从下手。但是面对现实，我告诫自己，这正是自己跟上时代的机会。我积极参加线上培训，反复练习各种操作，除了熟悉自己教学要用的软件的操作，还要摸索寻找合适、方便的作业反馈软件。在对各种软件、小程序进行比对测评后，我选定了学生和家长容易操作，老师评价作业便捷，数据统计精确的小程序。我还录制操作视频教授学生、家长和班级任课老师使用这些小程序。

3. 制订规则

针对网课背景下的班级管理虚拟化的情况，统一思想、制订规则是首要工作。因此，在正式线上授课前我在班会中针对三方面内容与学生达成共识：一是准时上课，不迟到早退；二是课上认真倾听、积极思考，不在班级群内发与学习无关内容，注意文明上网；三是当天作业及时完成，按要求提交。最后根据以上内容，制订细则和相应的奖惩机制。

4. 与家长达成共识

学校教育离不开家校合作，线上教学更需要家长的支持。对于线上教学这种新鲜事物家长也要有心理上的接纳和在一些技术上的学习。所以，在正式线上授课前我召开了线上家长会，就在线上教学的基本安排、直播交流平台的使用、家长需要给予的支持等问题一一说明。

5. 资源选择

疫情的到来，给我们的生活带来了很多的不便，给世界带来了很多的不幸。但是，事物总是有两面性的，它也带来了一些好的东西，其中就包括更多、更好的教育资源。北京市为全市学生提供了由全市优秀骨干教师们录制的空中课堂，密云区根据本区学情也为全区师生提供了线上教育资源。此外，借助网络，我们还能找到其他各区的线上资源。面对如此之多的教学资源，一定要根据学情选择性使用。我引用市、区提供的优质课堂设计，节选精华部分，结合学情加入自己的必要补充。

二、在线教学

在线教学的过程也是充满了挑战，需要不断创新，不断总结。

1. 备课

网络教学的备课，首先需要转变教学观念，转变身份，要从学生角度思考每个教学环节、每个教学任务，时刻考虑学生的接受情况；其次，在有限的时间内，剔除次要的内容，做到重难点突出，一课一得；再次，围绕重难点设计学生学习活动，课前设计预习单，教会学生自主学习、查阅资料的方法，让学生通过自学完成任务，在完成任务中思考，继而带着思考的内容上课，课后设计相应的活动来进行深入巩固；最后，借助时机创造良好的学习情境。本学期的教学内容中涉及统计中的数据的收集与整理，我借助疫情的大背景，以单元教学的模式让学生完成了本章的自主学习和探究，课后让学生以小组汇报和手抄报等不同形式展示了学习成果。

2. 上课

由于空中课堂的虚拟化，需要见缝插针地反复提醒学生上课的注意事项，以保证学生接收信息的准确性和有效性。为了让学生更明确课堂要求，我在上课前播放"温馨提示"，让学生知道本节课需要用到的文具和教学资料，以及回答问题时需要遵守的约定等，同时播放一段轻音乐，使学生轻松有序地等待上课。

为了保护学生视力，减少学生的在线学习时间，我把作业讲评和答疑安排在了每节课的前几分钟。一方面，我根据前一天学生作业中出现的问题，制作课件进行讲解；另一方面，在课前我让学生在互动面板中写出自己存疑的题目，针对集中性的问题我进行课上讲解，个别性问题我会单独录制讲解视频发至班级学科群。在线上学习这段时间我还组建了班级讲师团，学生自愿参加。这个活动既培养了学生乐于分享的团队协作精神，又加深了学生对知识的理解，使得学生受益良多。

线上教学，我对着电脑自说自话，常常容易忽略学生的听。因此，无论是在备课还是上课环节，我都会更多地关注学生的感受。在备课时，我不仅会设计学生的活动，还会根据教学内容设计与学生互动的环节。我会与学生约定"暗号"，让学生完成任务后回复指定的数字。有时候我在课上也会停下来几分钟，让学生对知识有个吸收、消化的时间。

3. 作业管理

作业是检查学生学习质量的标准之一，然而线上批改作业可谓繁复、耗时。学生在提交作业时也会出现各种各样的问题。为了解决这些问题，我上网学习如何拍摄清晰正向的照片，并将方法录制成视频教授学生。

线上反馈作业虽然耗时耗力，但是也有它的优点。第一，各种数据的统计清楚明了，优秀作业、未订正作业、没交作业的情况一目了然，此外，还可以自定义时间段来统计学生上交作业的数量和质量，结合班级的奖励机制对学生的学习进行评价。第二，在批阅作业时可以及时将优秀的作业进行展示，提高学生的学习积极性。第三，虽然线上教学使得学生和老师无法面对面交流，但我在给学生的作业进行点评时可以选择语音评语的方式。几十秒语重心长的点评，或是中肯的表扬与肯定，更能拉近学生与老师的心理距离。

4. 评价方式

线上教学第一周，我坚持每天小结，每天表扬优点、提出建议。前几天几乎是一步不离地守在电脑前，一旦发现问题，马上进行评价。放学后我梳理当天的作业要求、出现的问题、做得好的地方，并提出建议，也会分享一些好的文章供学生阅读。

第一周的适应期过后，学生都清楚了网课的要求，但小结和反馈还需要跟进。我每周设一节班会课，总结班级内部一周的情况，尤其注重榜样的力量。在直播课堂上我展示一周以来做得好的作业，让学生都有力争上游的心。

在线上学习这段时间，学生学习到的最重要的能力就是自主学习的能力。班级由班主任和任课教师统领，由班干部和小组长引领。对于学生的评价不仅有来自老师方面的，还有来自班干部和小组长方面的。学校和班级组织的各种活动由班干部进行安排，课上的笔记、上课的时长、课后的作业由小组长进行统计。全班制订好细致的积分和奖惩制度之后，在每周"自律小明星"的评比中，班干部和小组长都会给同学、组员打分。

此外，在学生居家学习过程中，接触最多、最了解其学习情况的就是家长了。所以，在"自律小明星"的评比中家长也有评价权，可以从五个方面对学生的居家学习情况进行评价。

除了对个体的评价外，为了增加学生的集体荣誉感和团结协作能力，我也在每个月评出"优秀小组"，让学生们在竞争、相互学习和不断反思中提升自己。

三、关于线上教学到混合式教学的新常态思考

线上教学期间的经历也让我对混合式教学产生了思考。

1. 课堂教学

通过线上教学，师生都是收获颇丰的。我学到了更多的新的软件技术，更优化了我的教学语言。疫情结束之后，回到线下教学，对于每一节课的设计我也会优化内容，以便有更多的时间让学生参与活动、展示反馈。

2. 自主学习

后面的教学我会延续学生已有的自主学习模式，将更多的学习内容以任务清单的形式下发给学生，让学生通过自主阅读资料、收集信息、小组合作等方式进行学习。同时继续培养和扩大线上的讲师团，让其发挥线上交流、线下辅导的作用。

3. 软件的使用

在线上教学阶段很多软件给教学和评价带来了便捷，在回归线下教学后一些打卡、调查问卷的统计还可以继续使用这些软件。

这次教学模式的新体验，让我意识到一个老师不仅仅要"站好讲台"，还要与时俱进，

"十八般武艺，样样精通"。从开展线上教学至今，我不但要上好自己的数学课，还要坚持和学生一起听其他老师的课，做到取长补短，每天再累也要读专业的书籍和学生一起进行阅读打卡。我们经常说"言传不如身教"，我的自律或多或少对学生是有一定影响的。

线上教学成为学校新常态课堂的重要组成部分

北京市密云区东邵渠中学　　王晓静

由于疫情的影响学校的教育教学必然要适应疫情防控的常态化。这对于学校的管理、教师的教学和学生的学习都是一个挑战。线上教学对于既要求形象思维又要求抽象思维的数学学科，更是全新的挑战。反思、总结半年来的线上教学，各个环节相对于线下教学都有不同的要求。

一、线上教育与未来教育新生态

抗疫期间，停课不停学，学生居家学习，师生间与同学间的空间距离阻碍了其社会性交往。师生的社会性交往从实体空间转移到虚拟空间，教师的知识权威地位逐渐被打破。教育服务的来源不再局限于学校或区域内部，海量的学习资源和教育服务来源于校外，并向所有教师和学生开放。

学校的围墙正在被打破，学校的双向开放是大势所趋。在线教育将成为学校教育的有机组成部分。新的学校教育生态正在形成，在线教育与学校教育双向融合。学习也不仅仅只发生在教室和学校里，而是终身的、全面的、按需获得的。

未来的学校是无边界的：教育即生活，学校即生活空间。教育是生活的过程，而不是将来生活的准备。家庭生活、学校生活、集体生活、社会生活都是未来学校教育的课程形态，课堂活动和学校形态都因此发生改变。

二、线上教学原则

1. 以学生身心健康发展为出发点和落脚点

线上教学需要学生面对电脑和手机等电子产品，因此，线上教学的时间和形式设置要科学规范，能保证学生的身心健康。我校在线上教学阶段，每个课间都会指导学生完成眼保健操和远眺，以缓解眼睛疲劳。线上教学与线下自主学习相结合，让学生在不同的学习方式下学习，形式新颖多样，有益于学生的身心发展。

2. 领会精神，统筹规划线上教学

根据上级有关疫情期间教学工作要求，我校严格遵守上级规定和要求，不违规、不踏红线。我们根据学生实际情况，统筹规划线上教学内容；根据教学计划，整合课程资源，完成教学任务。

三、线上教学的实施

1. 合理选择资源，提高线上教学实效

由于线上教学中学生面对电子产品，学生在线上学习的时间不能太长，所以，在有限的时间内，教师要合理选择教学资源，根据教学目标，精选精华的资源，在有限的时间内进行教学，提高线上教育的实效。

2. 学习培训，提高线上教学互动

对于线上教学这一不太熟悉的事物，我作为教师加强学习，掌握线上教学的技术和上课艺术。我校线上课堂最起初是用 QQ 群进行语音授课，教师可以通过共享屏幕进行讲解，可以点名提问，但是视频效果不好。随着时间的推移，借鉴其他学校的优秀做法，我校又调整为用腾讯会议上课，既有屏幕共享，又可以进行视频交流，这样的课堂更加真实，效果更好。我先后学习了两个线上教学的软件，并且研究如何更好地进行线上教学。每种软件使用之前我都要先培训学生。在课堂的"知识结构"环节，我指定学生问答互动；在"知识梳理"环节，学生根据提纲，独自完成。课上我要求学生全部打开摄像头和麦克风，大声说出知识点。

3. 科学评价，引导线上教学方向

教学评价是教育教学的重要环节，线上教学的评价不同于线下，如何进行科学的评价，是现阶段面临的重要问题。从评价方式和评价内容上都要适应学生的线上学习。我的数学课的评价有多种形式，课上有课堂检测，课下有作业检测等。

对于基础例题我先通过问卷星让学生迅速做出答案，再根据学生完成情况，指定学生共享屏幕讲解。对于综合例题，我让学生把每一问的答案先写在本上，然后上传，我迅速批阅后指定同学共享屏幕讲解，其他同学补充点评，并进行相互评价。

4. 多种形式管理作业，提高课后管理效果

作业是教学的重要环节，线上教学阶段也要根据不同知识内容特点布置不同形式的作业。我采用不同软件布置不同题型的作业，这样的作业管理，提高了学生的学习效果。

四、线上教育成为学校新常态教育的重要组成部分

时代的发展，科技的进步，线上教学必将被普及。疫情的到来，加速了线上教学进入学校教育的速度。不仅是在疫情时期需要线上教学，以后疫情结束了，我们也可以根据不同时期的特点和学生需求，将线下教学与线上教学相结合，让线上教学成为学校新常态教学的重要组成部分。

启　示

一场疫情催生了教育新形态，促进了教育领域的新变革，打破了校园围墙的边界，教师的基本功也被赋予了新的内涵。作为教师，只有与时代同行，清醒地认识到当前教育领域发展的趋势，才能增强其核心竞争力。

未来教育线上与线下的混合式教学是常态。教育本身就有连续性的特点，教育活动

也理应是时时发生、处处存在的。教师在单元备课的基础上，需要对教学内容进行理性甄别，明确哪些适合在线上进行、哪些适合在线下进行、哪些可以在线上线下混合进行。未来社会发展越来越需要教师手中有多种单元教学方案，以应对各种不确定的变化。

未来教育应更关注学生自主发展能力的培养。中国学生发展核心框架体系以培养"全面发展的人"为核心，包括文化基础、自主发展、社会参与三个方面。自主发展就是要引领学生学会学习，具体指要乐学善思、勤于反思、要有信息意识。反思传统的课堂教学和在线教学中出现的种种问题，教师在如何激发学生自主发展意识、培养学生良好学习习惯上还有很多思考的空间。这种自主发展的意识的激发，可能需要教师从职业生涯规划角度、从教师的示范性角度、从外在的干预机制行为塑造角度、从榜样激励角度等多方面去考虑。

未来教育更应注教师知识系统的重构。DT 时代为人们获取信息带来了便捷，备课资源、考试资源处处可见，有的教师会辩证吸取，有的教师则直接使用。波斯纳认为"教师的专业成长＝经验＋反思"。如何有目的地获取信息，将信息纳入个人的知识系统，通过实践反思实现能力上的跃迁，这应是教师需要深入思考的问题。

未来教育更应关注师生间的情感沟通。随着科技的发展，人工智能可以替代人类做很多事情，但是至少从目前发展水平看，人与人之间的情感沟通是机器所不能替代的。而教育本身不仅是教书的过程，更是以育人为目的的交流。在考试功利化目的的驱使下，有些老师忽视了师生间本应有的情感沟通，育人过程被浓缩为"知识与分数"，这种现象是值得反思的。

后　记

韩愈在《师说》中写道："师者，所以传道授业解惑也。"社会的发展要求教师提高素质，更新观念，转变教师角色，优化教学行为。目前的课堂教学更加倡导以学生为主，最大限度地发挥学生的主观能动性，让学生成为学习的主人。如何实现这种转变，是当今很多教育学家探讨和研究的话题。

本书的形成历经三年，由密云区初中数学研究工作室的全体成员在研究过程中不断总结经验、推敲打磨、精心撰写而成。其中，第一章是规划篇，以不同时期教师的生涯规划为主线，探讨了教师生涯规划的意义，以提高教师以终为始设计人生的设计力；第二章是师德篇，从对师德的历史溯源入手，以教师个人的师德案例为主，浅谈对知行合一、涵养师德的思考及启示；第三章是读书篇，系统地阐述了 DT 时代教师读书的意义及教师面临的挑战，借助读书心得提高教师的学习力；第四章是课堂篇，着重突出实践功能，透视教学方式变革的本质，借助案例展现不同课型的教学设计，实现因材施教；第五章是课题篇，从区域初中数学教学典型问题分析出发，结合教学中的真实关键问题，提升教师研究力；第六章是变革篇，从线上教学、混合式教学引发思考，跟进混合式教研及课程的开发与研究，紧跟时代步伐，实现教师自我迭代。

为了总结推广我区初中数学研究工作室的学习和工作经验，编辑出版《区域初中数学教师学习共同体成长启示录》一书。遵循理论联系实际，继承与创新相结合的原则，力求这本书的出版能够有利于推动教育改革，有利于推动教育科学研究，有利于提高我区基础教育的水平。由于我们的经验、水平有限，本书内容难免有不妥之处，恳请读者不吝赐教。